Raphaël

Barbara Carpentier

Raphaël

« Je veux que tu vives, mon enfant... »

Propos recueillis et texte élaboré
par
Virginie Lachkar

Pour préserver leur droit à l'anonymat,
les noms de certaines personnes ont été modifiés.

Cette édition de *Raphaël*
est publiée par les Éditions de la Seine
avec l'aimable autorisation des Éditions Michel Lafon.

À Maxime et Raphaël.

PRÉFACE
DE
LAËTICIA HALLYDAY

Il y a des enfants qui nous font grandir, nous les adultes.

Et, malgré le contexte, on est heureux que le destin nous ait fait croiser leur route.

Car, à leur contact, on se sent vraiment meilleur.

Depuis que nous avons rencontré Raphaël, il y a trois ans, un soir à l'issue d'un concert de mon mari à Lyon, c'est lui qui nous donne chaque jour une vraie leçon de courage et de vie.

Ne vous y trompez pas ! Raphaël, qui peut paraître si fragilisé par sa maladie, est en réalité bien plus fort que beaucoup d'entre nous.

Jamais je ne l'ai entendu se plaindre, jamais je ne l'ai vu baisser les bras. Jamais. Jamais. Il aurait pu pourtant, parfois...

Je pourrais vous parler de lui pendant des heures tant ce petit ange est attachant et bouleversant. Je dirai juste que grâce à l'optimisme et la foi en l'avenir de ce vaillant petit soldat, le combat de chaque instant qu'il mène avec ses parents, sa famille et ses amis ressemble déjà à une victoire sur la vie. Une victoire qui force le respect.

BARBARA CARPENTIER

Ce livre raconte le douloureux chemin d'une mère qui a su avec patience et amour croire toujours à sa bonne étoile. Mais c'est aussi pour aider ceux qui connaissent les mêmes souffrances, les mêmes cœurs chagrins, qu'elle raconte cette histoire. Leur histoire.

Je voudrais que Raphaël sache combien nous l'aimons et combien sa place est importante dans notre cœur.

Laëticia HALLYDAY
Marraine de l'association Nævi

PROLOGUE
DE
PASCAL BATAILLE ET LAURENT FONTAINE

Ce livre est un témoignage bouleversant, mais il exprime aussi un défi extraordinaire : celui de toute une famille face à la maladie de l'un de ses enfants.

Nous-mêmes étant parents de sept enfants à nous deux, nous savons combien la naissance d'une petite fille ou d'un petit garçon bouleverse toutes les valeurs d'un individu normalement constitué. De la minute où le bébé naît, la vie n'est plus jamais la même : plus un jour sans que l'inquiétude ne vous assaille, prompte à se transformer en angoisse et en douleur dès que la « chair de notre chair » connaît la souffrance.

Barbara et Jean-Michel, la maman et le papa de Raphaël, connaissent, eux, cette tempête depuis dix ans. Quand nous les avons rencontrés sur le plateau de l'une de nos émissions, nous avons immédiatement adhéré à leur combat parce que nous avons compris leur tourment. Tout naturellement, nous avons décidé de parrainer l'association Nævi, dont ils sont les fondateurs, et qui a pour but de venir en aide aux parents des petits garçons ou filles atteints de la pathologie rare qui affecte leur fils : le nævus géant congénital.

Depuis, nous avons appris à mieux connaître Raphaël et sa famille. Et nous pouvons affirmer que tout ce qui est écrit dans ce livre est le reflet terrible de leur vie quotidienne. Il y a d'abord le combat d'un enfant qui lutte contre une grave maladie : la peur, la douleur et l'incompréhension face à cette injustice, la difficulté à affronter le regard des autres, les moments de doute et les sourires, le courage puisé on ne sait où parfois, et cette maturité qui en découle et qui vous fait grandir deux fois plus vite. Il y a aussi le désarroi des parents qui doivent dire la vérité à leur enfant, lui expliquer l'inacceptable, tout en l'aidant à garder chaque jour l'extraordinaire espoir de la vie. C'est à la fois poignant et magnifique.

Raphaël est un petit garçon génial, formidable, exemplaire. Il mène son combat avec des tonnes d'intelligence et des ressources incroyables qui lui serviront toute sa vie. Et si ce livre est avant tout le cri d'amour d'une mère, c'est aussi l'histoire d'un ange qui transforme le métal le plus rugueux en métal précieux, l'épreuve en expérience : c'est à ce prix qu'il a décidé de faire de sa vie une chance.

Pascal BATAILLE et Laurent FONTAINE
Parrains de l'association Nævi

AVANT-PROPOS

« Dieu a guéri »...

– Tu vois, c'est là que tu as été baptisé, lui dit sa mère en passant devant la petite église aux murs marqués par le temps.

L'enfant regarda l'édifice d'un air un peu triste, comme s'il cherchait dans ces pierres une réponse que personne ne lui avait jamais donnée.

– Ah oui ? Mais tu sais, maman, je crois pas vraiment au Bon Dieu, parce que s'il existait vraiment, il aurait sûrement pas voulu que j'aie cette maladie...

Mon petit Raphaël, que pouvais-je te répondre ? Comment expliquer ces combats que tu mènes depuis ton premier souffle, et y a-t-il seulement une raison, une seule raison valable aux souffrances d'un enfant, de son enfant ?

Raphaël, mon petit homme...

Nous avions choisi ton prénom avec ton père sans en savoir l'origine exacte, juste parce que nous aimions tous deux l'entendre prononcer. La seule chose que je savais, c'était qu'un archange l'avait fait sien. Aujourd'hui que j'en connais la signification, je me demande si le Ciel n'a pas voulu nous faire un pied de nez : « Dieu a guéri », voilà ce que veut dire « Raphaël ». Quelle ironie du sort, quand je revois le chemin parcouru durant ces dix dernières années !

Il suffit que je ferme les yeux...

– 1 –

Mercredi 15 novembre 1995. Ce jour-là devait être le plus beau de notre vie. Dehors la nuit avait pris place, il était environ 23 heures. La pièce aux murs blancs était juste éclairée d'une lumière qui dessinait les contours d'un univers impersonnel et aseptisé. On venait de me transporter en salle d'accouchement.

Les premières douleurs s'étaient fait ressentir vers 20 heures. Quelque chose de léger et d'irrégulier. J'avais demandé à ton père de patienter encore avant de partir pour l'hôpital : je savais qu'il ne servait à rien de se précipiter. Tu serais notre deuxième enfant, et je me doutais que, comme pour Maxime trois ans auparavant, le travail prendrait du temps. Aussi valait-il mieux attendre chez nous.

Nous habitions une petite ville de Haute-Savoie, à deux minutes d'Annecy et de son lac magnifique, le plus pur d'Europe. Situé au troisième étage d'un immeuble récent, notre appartement n'était pas grand mais nous nous y sentions bien. Il se composait d'une cuisine américaine ouvrant sur un salon, de deux chambres et d'une salle de bains assez spacieuse. La pièce principale était meublée d'un vaisselier en bois, d'une table basse et d'un bureau que nous avions achetés ici et là dans les brocantes de la région et qui créaient une atmosphère chaleureuse. Un canapé en tissu beige faisait face à la baie vitrée et c'est là, dans cette assise profonde et douillette, que j'ai laissé passer les heures. Petit à petit la nuit effaçait les dernières lueurs, comme pour marquer la venue d'un nouveau monde. J'ai tellement aimé ces instants de l'attente...

Puis les contractions sont devenues plus régulières et de plus en plus difficilement supportables, malgré les préparations à l'accouchement que j'avais suivies. Ce calme à garder, cette respiration à contrôler ne m'appartenaient plus vraiment. Aussi avons-nous décidé qu'il était temps de venir à ta rencontre...

Dans la soirée nous avions téléphoné à ma tante Annick, qui habite Annecy, pour lui demander de garder Maxime pendant les quelques jours où je resterais à la maternité. Il était convenu que ton père le déposerait chez elle après m'avoir accompagnée à l'hôpital. Ma tante considérait Maxime comme un de ses propres enfants et s'était montrée enchantée de l'avoir près d'elle.

Maxime, lui, aurait préféré nous accompagner pour accueillir son petit frère. Lui aussi t'attendait avec impatience. Il avait déjà fait la liste de ce qu'il voulait t'apprendre, des livres à te montrer, des choses à te faire découvrir, comme un jeu de piste dont il serait le seul à connaître le chemin, un monde que les adultes avaient oublié depuis longtemps. Il m'avait aidée à t'aménager un petit coin de sa chambre. Nous avions dû ranger son circuit électrique, empiler ses jouets afin de rajouter ton lit dans lequel il avait tenu à mettre une de ses peluches. Et jamais il ne s'était plaint, jamais il n'avait eu un mot pour regretter de ne plus être le seul. J'avais eu peur de trop investir son espace, peur qu'il se sente repoussé comme si l'on voulait passer à autre chose ; mais en fait, dans son esprit, c'était comme s'il construisait un univers à part, pour toi et lui. Cela, je l'ai compris plus tard, en vous voyant tous les deux.

À 22 heures, nous sommes finalement partis avec Maxime, fermant la porte de l'appartement sans un bruit, laissant derrière nous les pièces vides, silencieuses, avant que tes rires viennent les remplir.

J'avais préparé un sac avec quelques affaires : le strict minimum, puisque je devais rester moins de deux jours là-bas. Bien sûr il y avait tes premiers vêtements, ceux que tu porterais bientôt. J'avais une préférence pour une grenouillère brodée d'une colombe blanche portant un cœur dans son bec. C'était celle-ci que j'avais décidé de te mettre à ta naissance. Je dois avouer que j'avais écumé tous les magasins de la rue des Princes, à Annecy, hésitant, n'arrivant pas à choisir entre toutes les jolies choses que je voyais. Si bien qu'avec tous mes achats j'aurais pu avoir des quintuplés et les habiller sans aucun problème !

Nous sommes donc descendus par l'escalier pour rejoindre la voiture garée devant l'immeuble. Le moteur ne s'est pas fait prier, pour une fois, et a même poussé la sympathie jusqu'à ne pas réveiller les voisins. Le quartier ressemblait à un petit village avec sa place bordée de platanes, tout le monde se connaissait ou presque, et je préférais ne pas ameuter les alentours.

– Nous voilà partis, ai-je soupiré avec un peu d'appréhension. Je n'arrive pas encore à imaginer que nous ferons bientôt le chemin inverse avec notre bébé dans les bras...

Les lumières des rues diffusaient une couleur pâle qui laissait deviner les vitrines endormies. Le trajet jusqu'à l'hôpital prenait à peine quinze minutes en temps normal, mais ce jour-là la route m'a semblé beaucoup plus longue. La douleur augmentait de minute en minute, comme une vague déferlante qui allait chercher sa source au creux de mes reins sans vouloir jamais s'arrêter. Durant ces secondes interminables, mon souffle se coupait, suspendu au rythme de ce courant qui terminait sa course folle dans le bas de mon dos, me laissant inerte, déjà fatiguée avant même d'avoir affronté ce que je commençais à redouter sérieusement. Je m'étais assise sur la banquette arrière à côté du siège auto de Maxime pour pouvoir m'étendre un peu, mais aucune position ne me soulageait. J'avais de plus en plus hâte d'arriver à destination.

Au volant, ton père ne contrôlait pas grand-chose si ce n'est la voiture. La panique n'était pas loin, je crois. Ce n'était pas le premier accouchement auquel il allait assister mais, manifestement, il ne considérait pas pour autant celui-ci comme une formalité... Néanmoins, il faisait le maximum pour ne pas laisser paraître son angoisse ; il essayait même de plaisanter en imaginant une scène d'accouchement surprise sur le bord de la route. Inutile de dire que, dans mon état, ce n'est pas l'histoire qui m'a fait le plus rire...

Par chance, vu l'heure tardive, la circulation n'était pas très dense : à peine dix minutes plus tard, j'ai aperçu avec soulagement les lumières de l'hôpital. À l'entrée, une barrière blanche et rouge nous a arrêtés un moment avant que le gardien, un peu somnolent, se décide à se lever pour nous laisser franchir cette frontière qui nous séparait d'un autre monde. Ton père m'a laissée au plus près du sas de l'accueil, puis il est vite reparti déposer Maxime chez ma tante, à quelques minutes de l'hôpital. Mais Maxime ne voulait pas me quitter. Il s'accrochait à moi et m'a glissé d'une petite voix ensommeillée : « Maman, laisse-moi venir avec toi faire sortir le bébé de ton ventre. » Demain, mon petit homme...

La sage-femme qui m'a reçue avait ce sourire fatigué d'une nuit de garde durant laquelle se sont enchaînées les naissances. De ces nuits où rien n'est plus jamais pareil au matin... Sur son badge, j'ai pu lire qu'elle s'appelait Sacha. C'était une femme assez petite, avec des yeux bleus cachés derrière des lunettes un peu trop grandes pour elle. Elle devait avoir environ quarante ans et sa voix, si douce malgré l'épuisement évident, m'a apaisée. Je ne savais pas encore à quel point toutes les personnes qui travaillent dans ces lieux deviendraient comme une seconde famille pour nous.

J'ai tout de suite été conduite dans une petite pièce où l'on m'a fait les premiers examens afin d'évaluer l'avancement du travail. Les choses se présentaient bien. On m'a donc emmenée dans la salle d'accouchement qui se trouvait juste à côté, après que j'eus enfilé une longue chemisette que j'avais emportée dans mes affaires.

Ton père est enfin revenu. Tendre, inquiet, impatient aussi. Avec sa solide charpente et ses dix-sept ans de plus que moi, il avait le don de me rassurer. Cette fois, je crois cependant qu'il n'en menait pas large... Nous nous étions rencontrés quatre ans auparavant, lors d'un dîner chez un ami commun. Il avait un grand sourire chaleureux, des cheveux tirant sur le roux et des yeux verts. Ça n'avait pas été le coup de foudre à la première seconde, mais je m'étais laissé séduire petit à petit, pour ne plus jamais le quitter ! J'avais tout juste vingt-quatre ans, il en avait quarante et un et travaillait dans un magasin de dépannage pour matériel vidéo. Maxime était né en février 1993, un an à peine après notre rencontre, puis nous nous étions mariés...

Aujourd'hui, dans cette salle d'accouchement, je le sentais un peu perdu. Il ne savait pas trop où était sa place, il avait peur de gêner, peur de ne pas être à la hauteur peut-être, et puis me voir souffrir sans pouvoir y changer quoi que ce soit n'était pas fait pour l'apaiser. Il est donc resté un peu en retrait, regardant le ballet incessant des infirmières, de l'anesthésiste et des sages-femmes, changeant de place en fonction des personnes qui entraient et sortaient de la pièce, en essayant de ne pas gêner leurs mouvements. Il avait prévu de prendre quelques photos des premières minutes de ton existence pour fixer ces précieux instants, comme il l'avait déjà fait pour Maxime. Il nous arrivait souvent de revoir ces clichés, et le bonheur que nous y retrouvions à chaque fois avait effacé depuis bien longtemps les douleurs de ce premier accouchement.

À aucun moment ton père n'a lâché ma main. Il l'a tenue jusqu'au bout. J'entendais sa voix qui essayait de me calmer quand les contractions arrivaient et cela m'a beaucoup aidée. Je n'irai pas jusqu'à dire que ta naissance a été plus facile que celle de Maxime, mais je savais à quoi m'attendre, cette fois-ci ! Du moins je le croyais...

Il t'a fallu un peu de temps pour pointer le bout de ton nez, comme si tu n'étais pas pressé de voir ce qu'était la vie au-dehors. Tu devais certainement te sentir en sécurité, protégé, à l'abri en moi. Peut-être avais-tu raison...

La pendule marquait 0 h 24 quand la sage-femme t'a pris dans ses bras pour te poser sur mon ventre. Elle n'a pas coupé le cordon ombilical. Elle m'a simplement dit :

– Respirez, il est encore avec vous.

Cette phrase résonne aujourd'hui dans ma tête encore et encore. Ce fut une seconde infinie, un instant qui n'appartenait qu'à nous deux, en dehors du temps et des mots. Un de ces moments que l'on n'explique pas mais qu'il faut saisir avant que la vie passe et vous l'enlève.

Tu étais là... allongé sur mon ventre, faisant encore partie de moi et pourtant déjà toi. Ton crâne était couvert d'un fin duvet roux, si fin qu'on le distinguait à peine. J'avais espéré tout au long de ma grossesse que tu n'aurais pas beaucoup de cheveux, et j'étais exaucée. Tu ressemblais déjà à ton père, avec cette couleur-là. Tes petits poings étaient recroquevillés comme si tu refusais le trop grand espace que l'on t'offrait. Je t'écoutais respirer avec un bonheur indéfinissable. Comme je t'aime, comme je t'aime déjà si fort... Je t'avais rêvé durant tellement de nuits, attendu durant tellement d'heures que j'aurais voulu stopper le temps. J'avais l'impression que ton corps pouvait encore se lover au creux de mes mains, retrouver la position fœtale de ces neuf mois où ta vie avait grandi à l'ombre de mon corps.

Et puis tout s'est enchaîné très vite, comme un tourbillon que plus rien n'arrête, une ombre qui prend toute la lumière.

J'ai écarté le drap que l'infirmière avait glissé sur toi pour te contempler...

Une tache, une tache immense et sombre couvrait l'essentiel de ton dos. Un énorme grain de beauté... J'ai levé les yeux, croisé le regard de la sage-femme qui se tenait en face de moi, et j'ai vu celui-ci s'éteindre aussitôt. Elle savait, elle savait déjà. J'ai compris tout de suite que rien ne serait comme nous l'avions imaginé. Depuis longtemps déjà, j'avais un étrange pressentiment : tu allais avoir une marque sur le corps. C'était une certitude que j'avais conçue dès le septième mois de ma grossesse. J'en avais parlé à ton père, qui avait tenté de me rassurer en accrochant un trait d'humour à sa réponse, mais cette angoisse ne m'avait pas quittée. Pourquoi une tache ? Je ne pourrais pas le dire. Je ne pensais pas à une maladie, je ne pensais à rien de vraiment concret, c'était juste de ces choses que l'on *sait* par avance sans que rien ne les explique. Une tache, oui, mais pas ça !

– Qu'est-ce que c'est, qu'est-ce qu'il a ? Je vous en prie, dites-moi !

– Je l'ignore, ce n'est sûrement rien, un hématome peut-être... Je suis désolée, je dois couper le cordon ombilical. Nous allons l'emmener un moment afin de lui donner un bain et de lui faire les premiers examens. Ce ne sera pas long. Ne vous inquiétez surtout pas, votre enfant va bien.

Elle t'a pris délicatement dans ses bras, a coupé le cordon ombilical et t'a enveloppé dans une couverture. J'ai ressenti un autre choc à l'instant précis où j'ai vu que cette tache ne s'étendait pas simplement sur ton dos mais aussi sur une partie de ton ventre, et qu'il y avait quelques taches également disséminées sur tes jambes et tes fesses. Le regard de la sage-femme a croisé à nouveau le mien avec cet air désolé de quelqu'un qui sait. Et elle est sortie...

Je me suis alors tournée vers ton père. Il n'avait pas bougé. Il n'avait pas lâché ma main. Aucun crépitement d'appareil photo n'était venu accueillir ta naissance. Son visage était livide. Nous étions tous les deux sous le choc. Pourtant il s'est rapidement ressaisi, et il a essayé de m'apaiser : il s'agissait très certainement d'une ichtyose, une maladie de peau dont il portait lui-même quelques marques, mais bien moins importantes. Bien que ses explications ne m'aient pas vraiment rassurée, j'ai tenté malgré tout de m'y accrocher... Puis il a rejoint la sage-femme dans la pièce d'à côté pour te donner ton premier bain. Il avait un fils. Son fils. C'était l'essentiel.

Quelques minutes plus tard, ton père est revenu dans la salle, te portant dans ses bras comme une offrande. Il n'avait pas cet air triste et désolé que j'avais lu sur le visage de la sage-femme. Il était seulement là, un grand sourire aux lèvres, ébloui par ce petit homme qui venait de nous être offert. Il ne voyait que son enfant, juste son enfant. Dans son regard renaissaient tous ces espoirs qui l'espace d'un instant nous avaient été ravis. Nous ne savions pas où nous mèneraient la route et les caprices des vents, mais nous ne savions pas non plus la force d'une vie, et combien l'amour donné peut changer les choses.

– 2 –

On m'a reconduite dans ma chambre peu de temps après. J'avais demandé que l'on mette ton lit à côté du mien dès la première nuit, même si les sages-femmes m'avaient proposé de te garder à la nurserie pour me laisser reprendre des forces. Ton père était reparti chez nous : il devait travailler tôt et ne pourrait revenir qu'en fin d'après-midi, à l'heure des visites. Je n'ai pas dormi cette nuit-là. J'ai juste glissé lentement vers un souvenir...

Je me suis revue au cours de ces derniers mois, prenant le bain avec Maxime comme j'en avais l'habitude depuis sa naissance. C'était un enfant merveilleusement facile et calme. J'adorais cet instant privilégié de douce complicité, ce moment particulier où nous parlions beaucoup tous les deux. Maxime allait perdre son rang d'enfant unique pour que tu deviennes le petit dernier, mais jamais il n'a nourri de jalousie. Tu n'as pas pris sa place, chacun de vous deux a la sienne dans notre cœur. Mon ventre s'arrondissait de toi et sa plus grande joie était de te parler en posant sa main sur mes rondeurs. Il t'appelait gentiment et tu lui répondais par de légers mouvements d'ondulation sous ma peau. « Raphaël… Coucou, c'est Maxime, c'est ton grand frère ! » Déjà une tendre complicité vous unissait. Aucun de nous, à ce moment-là, ne se doutait qu'à l'intérieur de mon corps un mécanisme long et irréversible se mettait en place…

Dans la matinée, un interne est passé me voir dans la chambre. C'était un homme à la stature imposante, âgé d'une trentaine d'années, avec un visage fatigué par certainement trop de nuits de garde interminables. Je l'ai vu hésiter quelques secondes sur le seuil de la pièce, puis il s'est approché de mon lit. Un silence pesant s'est installé. J'ai pressenti tout de suite que rien de positif ne sortirait de cette rencontre.

– Bonjour, je suis passé vous faire une petite visite suite à votre accouchement de cette nuit. J'ai lu votre dossier, et je… Je ne vous cache pas que ce que j'ai à vous apprendre n'est pas facile à dire. Pourtant, je me dois de vous parler sans détour… Malheureusement, je…

– Quoi, malheureusement ? l'ai-je pressé d'une voix déformée par la peur.

– Malheureusement, a repris l'interne en soupirant, votre enfant est atteint d'une malformation assez grave. Nous ne savons pas exactement ce qu'il a, mais ses chances de survie… sont compromises à court terme. Ne… ne vous attachez pas trop. Je… Vraiment je suis désolé… Croyez bien que j'aurais aimé ne pas avoir à vous dire…

Le reste était déjà loin, inaudible. La monstruosité de son annonce m'avait saisie tout entière, envahissant mon corps d'un tremblement terrible. Ne restait qu'une brèche immense. Maladie, pas de chance de survie, ne pas m'attacher à toi... Les mots glissaient, indécents, froids. Pourquoi toi ? Pourquoi n'existait-il pas comme un veto incompressible qui protégerait chaque enfant ? Pourquoi, pourquoi ? Sans fin nous nous poserions cette question, sans jamais trouver de réponse. Le néant qui a envahi mon âme à cet instant était empli de ton visage. Comment pouvait-il, lui, cet homme qui ne connaissait rien de toi, arriver ainsi et me dire brutalement que tu allais mourir ? Sans même pouvoir m'apprendre ce que tu avais ? Mourir, se rendait-il compte que c'était une fin de non-recevoir, qu'avec ces mots il nous ôtait le seul souffle de vie ?

Combien de temps cette chute vertigineuse a-t-elle duré ? Quelques secondes, quelques minutes au pire. Juste le temps de sombrer dans un gouffre, en emportant avec moi cette peur qui m'anéantissait. Et ton père n'était pas là...

Petit à petit pourtant, les rumeurs de l'hôpital me sont parvenues de nouveau au travers d'un brouillard épais. De l'autre côté, les couloirs s'animaient de bruits qui me semblaient eux aussi indécents. Des pas résonnaient, le personnel vaquait à ses occupations comme si rien ne s'était produit. Des bribes de conversations échangées juste derrière la porte au sujet d'une maman qui venait d'accoucher, les cris d'un enfant et même quelques rires. J'entendais tout cela de très très loin, c'était une histoire qui n'était plus la mienne. Rien n'avait changé, rien ne s'était arrêté, si ce n'est nos vies avec ces quelques phrases qui venaient lacérer nos espoirs coupables. Puis le présent a peu à peu repris forme et m'a ramenée à cette chambre aux murs trop blancs. La lumière me paraissait terne, je cherchais une issue. L'interne était reparti sans que je m'en rende compte, me laissant seule avec toi qui dormais à mes côtés.

Tu étais là, les yeux fermés, le visage paisible, insensible aux angoisses du dehors, ton petit corps à l'abri. Dors, mon petit ange, et dans les rêves que tu feras emporte un peu de douceur...

J'ai immédiatement téléphoné à ton père à son travail. Le choc l'a fauché en une seconde. Derrière ma voix entrecoupée de sanglots, je l'ai juste entendu me dire qu'il arrivait. À peine dix minutes plus tard il franchissait la porte de la chambre dans un état second, hors d'haleine. La colère avait pris le pas sur tout le reste : il devait aller trouver l'interne responsable de cette annonce, il fallait que ses foudres s'abattent sur quelqu'un, n'importe qui ! Par chance pour cet homme, les dédales de l'hôpital ont rapidement essoufflé la fureur de ton père.

Ce manque d'égards flagrant de la part de l'interne occultait le fait qu'il n'avait aucun élément probant pour se permettre de nous annoncer un tel verdict. Je lui en voulus longtemps de ses paroles, de m'avoir fait subir ce coup sans aucune délicatesse, et aujourd'hui encore je ressens la douleur vivace de cette nouvelle faite à un instant où je n'avais pas été préparée et où j'étais seule.

Malgré tout, nous avons tâché de reprendre le cours d'une existence « normale ». Il fallait te changer, te donner à manger, te baigner, essayer de vivre, faire fuir les images qui ne cessaient d'envahir notre esprit. Les moments où je t'allaitais étaient ceux que je préférais : peau contre peau, la couleur de la tienne n'existait plus.

Jeudi, 14 heures. Il faisait encore chaud pour un mois de novembre. La porte était restée entrouverte et nous entendions le bruit incessant des allées et venues dans le couloir. Le soleil effleurait le bord de mes draps, impassible aux froides réalités qui composaient cet univers. Assis sur un fauteuil à côté de mon lit, ton père faisait peine à voir. Depuis un long moment, aucun de nous deux ne savait plus que dire ou que faire pour trouver un quelconque apaisement. Nous avions déjà tourné et retourné tant d'interrogations.

La porte s'est alors ouverte sur un homme en blouse blanche, le Dr Devlin. Il devait avoir environ quarante ans, un visage où se côtoyaient la souffrance et la chaleur, peut-être un mélange d'une vie passée à aider les autres sans vraiment se souvenir de la sienne. Ses lunettes en demi-lune n'arrivaient pas à cacher son regard. À peine est-il entré qu'un sourire bienveillant s'est peint sur son visage. Il nous a appris qu'il était pédiatre.

Il s'est d'abord excusé de ne pas être passé plus tôt, et nous a dit à mots couverts qu'il était désolé de la brutalité inconsciente de l'interne. Puis il nous a demandé ton prénom en se penchant vers toi. La douceur de cette question m'a quelque peu débarrassée de cette distance qui existe entre un médecin et un patient. Tu n'étais plus un enfant sans nom au milieu de ces fortifications médicales où tant de maladies se côtoient dans une discrétion de rigueur.

Cet après-midi-là, nous avons longuement parlé de ces taches qui couvraient ton corps. Sans obtenir beaucoup plus d'explications... L'hypothèse de l'ichtyose que ton père avait avancée ne lui paraissait pas correspondre aux symptômes. Il s'est donc finalement contenté de nous orienter vers une consultation pédiatrique à Saint-Étienne, dans un service de dermatologie réputé qui, espérait-il, pourrait apaiser nos peurs et nous donner un début de réponse. Mais, très vite, nous avons ressenti le froid d'un univers médical qui ne prend pas toujours en compte les angoisses des parents : il nous donnait à choisir entre consultation publique ou privée. En termes clairs, le prix de ce rendez-vous allait déjà déterminer notre place dans l'ordre des choses, puisqu'un rendez-vous privé permettait de réduire le délai d'attente de deux mois à quinze jours, moyennant une somme forfaitaire bien supérieure au tarif en vigueur ! Le nerf de la guerre pour accéder aux soins passait déjà par l'argent...

Après le départ du pédiatre, nous avons essayé de joindre le beau-frère de ma tante, dermatologue à l'hôpital de l'Antiquaille à Lyon, afin d'avoir quelques renseignements. Il n'a bien sûr pas voulu s'avancer sur un quelconque diagnostic sans t'avoir vu auparavant, et nous avons donc pris rendez-vous avec lui pour le mercredi suivant. Nous avions abandonné l'idée d'aller à Saint-Étienne comme le Dr Devlin nous l'avait proposé, car nous n'aurions pas pu obtenir de rendez-vous avant plusieurs semaines. Déjà, le long parcours du combattant se mettait en place.

– 3 –

Vendredi, 6 heures du matin. Le ciel avait manifestement décidé de faire grise mine ; il n'était pas vraiment d'humeur à sourire, à croire que ce n'était gai pour personne ! Je n'avais pas dormi de la nuit. J'avais passé de longues heures à te regarder et à pleurer, peut-être pour me vider de cette douleur. Quelle illusion ! Ce n'était qu'un puits sans fond dans lequel je tombais un peu plus à chaque moment. J'avais envie de hurler mais aucun son ne sortait de ma bouche. Qu'avais-tu, qu'avait mon bébé ? « Chances de survie compromises à court terme... » Je me sentais seule, prise au piège sous une chape de béton qui m'enserrait le cœur.

Était-ce le prix à payer pour reconnaître que chaque instant est un privilège devant lequel on passe sans même s'en apercevoir, à cause de cette inconscience qui nous anesthésie tant que l'on n'est pas au bord du précipice ?

Vers 8 heures, le changement d'équipe s'est effectué : d'autres gens, d'autres visages, une atmosphère différente. Les températures ont été prises, simples et redoutables points rouges sur quelques courbes. Les infirmières de nuit se sont retirées, laissant leurs sandales au placard pour retrouver le claquement des talons qui les ramenait vers la vie du dehors. Le bruit des couloirs est devenu plus présent.

Une infirmière est entrée dans la chambre, sourire aux lèvres, me demandant ce que je souhaitais prendre pour mon petit déjeuner, et aussi comment l'accouchement s'était passé. Elle venait certainement de commencer sa journée. Que dire à quelqu'un qui s'attend à entendre : « Bien » ? Pouvais-je lui dire que tu allais peut-être mourir, pouvais-je lui avouer cette souffrance sans certitude ? Et qu'aurait-elle pu répondre à part « Je suis désolée, je ne savais pas... » ? Je me suis donc forcée à afficher une expression de bonheur, mais cela devait malgré tout ressembler à un rictus : le cœur n'y était pas. Comédie bien piteuse que nous allions jouer tant de fois et qui s'effilocherait si souvent. J'apprendrais avec le temps à me forger une façade. Faire semblant...

Le reste de la journée n'a été qu'une succession de visites, rythmée par l'odeur si particulière qui se répand de chambre en chambre à l'heure des repas, par le va-et-vient des infirmières transportant des dossiers d'un malade à l'autre, dossiers dans lesquels les destins s'inscrivent au fil des jours, le bonheur, l'espérance, les doutes que l'on heurte un jour ou l'autre aux murs d'un diagnostic. L'après-midi a ressemblé pour tous les patients à une ruche humaine sans fin, celle des familles et amis que l'on reçoit, en feignant parfois la gaieté afin de voir un sourire s'afficher. Il y a aussi ceux qui garderont les yeux dans le vide pour oublier que personne ne viendra pour eux.

Cet après-midi-là, ton père a emmené Maxime avec lui. Nous avions acheté un peu avant l'accouchement un camion de pompier, que nous voulions présenter comme un cadeau que tu offrais à ton grand frère. Nous avons dû déployer des trésors d'ingéniosité pour expliquer comment tu étais né avec ce jouet entre les bras ! Mais son enfance ne s'est pas attardée sur nos explications rocambolesques. L'essentiel était ailleurs, là, juste devant lui, ce petit frère tant attendu : « Raphaël, c'est Maxime ! » Tes petits doigts se sont alors serrés autour des siens... Pour ne plus lâcher sa main.

Nous lui avons parlé de ta maladie avec beaucoup de douceur, mais pas de cette mort annoncée. Elle n'existait pas, elle n'avait pas droit de cité tant que nous n'aurions pas tout tenté !

– Mais maman, ces taches, ça restera toujours ?

– Oh, personne ne sait très bien encore.

– Et tu crois qu'il a mal ?

– Non, ne t'inquiète pas, il n'a pas mal du tout. C'est juste que sa peau n'a pas la même couleur à certains endroits.

– Alors, s'il a pas mal, ça veut dire que c'est pas grave ! Et puis c'est pas important, le reste.

Oui, c'est pas important, le reste...

Quelques personnes de la famille sont passées à leur tour. Mon père, qui vivait dans une maison près d'Aix-les-Bains et s'était séparé de ma mère quelques années auparavant, a été le premier à venir. Il y a également eu ma tante Annick et ma sœur Isabelle, de deux ans mon aînée ; j'étais très proche d'elles. Ma mère, qui s'était remariée et habitait Paris, ne devait arriver que quelques jours plus tard. Quant à ma belle-mère, elle ne pouvait pas se déplacer mais nous a téléphoné sans attendre.

Nous avons dû expliquer, raconter, montrer. Je revois l'affaissement de leurs visages, leurs regards douloureux devant ce mal qu'ils ont dû ressentir, leur impuissance à trouver les mots. Je me suis armée de toutes mes forces pour ne pas m'écrouler, ne voulant pas déjà trouver de la pitié dans leurs yeux. Je ne me suis abandonnée qu'après, dans les bras de ton père.

Vers 18 heures enfin, les chambres se sont vidées doucement, laissant à nouveau place au ballet laconique du personnel.

Le soir même, une femme est arrivée dans le deuxième lit de la chambre. Elle venait d'accoucher d'une adorable petite fille aux cheveux blonds comme les blés. C'est là que j'ai pris conscience du regard des gens sur toi. Sans prendre la peine de se montrer discrète, elle allongeait sa tête afin de ne pas perdre une miette du spectacle de ton corps nu quand je te lavais ou te changeais. Par la suite, j'ai souvent été confrontée à cette curiosité malsaine. Mais de cette première fois je garde un souvenir terrible.

À ma demande, on m'a attribué une chambre individuelle le surlendemain.

Je suis sortie de la maternité le mardi matin, moins d'une semaine après l'accouchement. Le retour à la maison n'était pas tout à fait celui que j'espérais mais qu'importait : nous étions ensemble, tous les quatre. Je ne voulais plus que les regrets franchissent notre porte, qu'ils bourdonnent dans ma tête et emplissent nos vies ! Je refusais de penser que tu pouvais mourir, et tout au long des années qui allaient suivre nous ne cesserions de nous battre contre la mort, de la rejeter. La douleur, la peur, la colère, la sensation d'impuissance, tout cela allait se mélanger et démultiplier la force de notre combat.

Première étape : le lendemain, nous étions déterminés à obtenir enfin des réponses à nos angoisses en nous rendant à notre rendez-vous chez ce dermatologue à Lyon.

– 4 –

Le mercredi nous a donc retrouvés assis dans le cabinet du Dr Azner. À nouveau il avait fallu laisser Maxime chez ma tante et le petit bonhomme, qui se faisait une joie de ta naissance, commençait déjà à ne plus comprendre nos absences.

Le bureau dans lequel nous nous trouvions offrait cet aspect feutré grâce auquel les mots prononcés sont censés paraître moins froids. L'homme qui nous a reçus ne démentait pas cette première impression : je me souviens de sa voix chaude, posée, prenant le temps de parler, d'expliquer. Après t'avoir examiné avec soin, il nous a annoncé son diagnostic avec beaucoup de douceur et en termes simples.

Ces taches étaient un « nævus géant congénital », une malformation qui se caractérise par un grain de beauté pouvant recouvrir jusqu'à quatre-vingts pour cent du corps du nouveau-né.

Et un grain de beauté géant, cela signifie un risque très important de dégénérescence en cancer...

De plus, ce syndrome du nævus géant congénital est ce que l'on nomme couramment une « maladie orpheline » : les cas restent extrêmement rares, environ un enfant sur vingt mille, et peu de recherches sont réellement entreprises afin de soigner cette maladie et d'obtenir une reconnaissance de la part des pouvoirs publics, et donc une prise en charge. En résumé, il faudrait plus de morts... Quelle ironie du sort, plus de morts pour plus de vies ! Je ne sais pas si j'arriverai un jour à comprendre ce genre de réalité.

Le médecin poursuivait son explication tandis que nous essayions de ne pas perdre pied et d'intégrer ses paroles. Il n'argumentait pas sans fin pour nous faire accepter l'inadmissible, pour nous rassurer, il nous a juste parlé concrètement de ta maladie.

– Il s'agit d'une pathologie évolutive grave. Elle est indécelable à l'échographie ; tout ce que l'on sait, c'est qu'elle est développée au cours du troisième mois de grossesse par la cellule qui fabrique la mélanine, le pigment qui teinte notre peau, et qui en produit beaucoup trop à ce moment-là.

Le Dr Azner nous a appris qu'on maîtrisait bien les techniques opératoires : on pouvait effectuer des interventions au niveau de la zone touchée, qui ne ramenaient bien sûr pas le risque à zéro, mais qui pouvaient tout au moins atténuer la lésion. Cela faisait partie d'une chirurgie réparatrice et reconstructrice assez lourde que l'on nomme le curetage et qui consiste à racler l'épiderme à l'aide d'une curette. Cette méthode devait être employée sur la plus grosse partie du nævus dans les quinze premiers jours de la vie, et infligeait une douleur équivalente à une brûlure au troisième degré. Ce procédé entraînait en outre, dans quatre-vingt-dix pour cent des cas, une poussée de poils assez longs sur la zone traitée... d'où un aspect inesthétique difficile à assumer. Ces interventions ne se pratiquaient qu'à Bruxelles, et la procédure à mettre en place n'était pas des plus simples. Mais il fallait agir tout de suite : les nourrissons possédant un excédent de peau très souple, une décision rapide permettait de réduire le nombre d'opérations ultérieures.

Toutes ces paroles n'étaient pas un discours compliqué de médecin ; d'ailleurs, comment expliquer l'inexplicable avec des mots barbares qui brouillent les pistes ? L'essentiel avait été dit et il nous fallait aujourd'hui apprendre à accepter cette nouvelle réalité.

Le Dr Azner nous répétait qu'il ne fallait pas perdre espoir : rien n'était jamais impossible. Il n'était pas de ces gens qui pensent que le combat est terminé avant même d'avoir tenté quoi que ce soit, puisque seules les guerres qu'on ne mène pas sont perdues d'avance. Il allait te suivre médicalement pendant toutes ces années.

Nous avons passé plus d'une heure à parler, à tenter de mettre des mots sur ce cauchemar afin d'avoir toutes les cartes en main, comme par un impérieux besoin de connaître notre adversaire. J'avais pourtant toujours l'impression de lutter contre un fantôme sournois et malveillant qui régnait déjà sur les ruines qu'il avait fait de nos vies. La bataille était inégale. Néanmoins ton père et moi t'avions fait une promesse tacite : nous en sortirions vainqueurs. L'issue était incertaine, mais cela faisait aussi partie de ce qu'il nous faudrait intégrer.

C'était une question de temps. Seulement l'avions-nous, ce temps ?

Nous avons parlé concrètement de l'intervention. Si nous l'acceptions, elle devait donc avoir lieu rapidement, mais « rapidement » voulait dire le surlendemain : nous étions attendus le lendemain même, soit le jeudi, dans un hôpital de Bruxelles où le Pr Treuwen, chirurgien et spécialiste en dermatologie, se chargerait de l'opération. Le Dr Azner avait passé plusieurs coups de fil et de fax avant d'arriver à obtenir un bloc pour le vendredi matin.

Il nous a laissé quelques instants pour réfléchir, en nous déclarant simplement :

– Si c'était mon enfant, je le ferais sans hésiter !

Nous étions sonnés, nous n'avions pas réellement pris la mesure de ce qui se passait, mais de toute façon nous n'en avions pas le temps. Il fallait répondre, agir sans tarder alors qu'un vertige terrible nous prenait, garder l'illusion de prendre des décisions en parents « normaux » veillant sur leur bébé alors que nous ne maîtrisions déjà plus rien.

À peine dix minutes plus tard, nous donnions notre accord.

Il a fallu alors se démener contre tant de problèmes à la fois. Je me demande encore aujourd'hui comment nous avons pu faire face, et pourtant la réponse est simple : nous n'avions pas le choix ! Nous avons dû organiser notre départ pour la Belgique, trouver comment faire garder Maxime qui, du haut de ses trois ans, ne comprenait absolument pas ce qui se passait, et préparer les bagages, sans oublier le principal : demander un formulaire spécial à la Sécurité sociale afin de pouvoir faire opérer notre enfant à l'étranger. Cela n'a pas été simple : le médecin conseil de la CPAM, signataire de ce document, est la seule personne habilitée à décider de l'utilité d'une intervention à l'étranger. Or il était absent lorsque nous sommes venus récupérer le papier, et personne ne voulait en prendre la responsabilité... Finalement, un employé d'un bureau voisin, qui avait entendu notre conversation et compris l'urgence de notre demande, s'est alors levé, s'est dirigé vers nous, a pris le formulaire et l'a signé en nous disant simplement : « Bonne chance. » Décision courageuse, car nous avons appris par la suite qu'il avait essuyé un blâme à cause de son geste.

Nous commencions à nous rendre compte de certaines autres réalités pratiques que nous serions obligés d'affronter : les interventions sur un nævus étaient en effet considérées comme des interventions de confort et assimilées, comble de l'ironie, à de la « chirurgie esthétique », d'où le peu d'empressement et de compréhension pour la prise en charge d'une maladie qui pouvait pourtant entraîner un cancer. Et je pressentais que ce ne serait pas le seul obstacle.

Cela aussi allait faire partie de notre combat : l'administration, les règles et les codes établis comme un rempart, les « Oui, je sais, malheureusement je ne peux rien faire pour vous », ou bien « Désolé madame, mais c'est la procédure »... Comme si les choses n'étaient pas assez compliquées !

– 5 –

Jeudi 23 novembre. Nous arrivions tous les trois à l'hôpital de Bruxelles après avoir déposé Maxime à Paris, chez ma mère.

Toute l'équipe nous attendait et s'est inquiétée de savoir si nous avions fait bonne route, si nous n'étions pas fatigués. Je dois dire que cet accueil nous a quelque peu surpris, mais dans le bon sens. Je voudrais tant remercier chacune de ces personnes aujourd'hui...

Tu as tout de suite été admis en soins intensifs nourrissons. Quant à moi, on m'avait réservé une chambre en pédiatrie avec deux lits et un lavabo. L'hôpital était vraiment immense, et je me retrouvais assez éloignée de toi. Nous devions rester trois semaines là-bas. Ton père serait obligé de faire d'incessants allers et retours entre la Belgique et la maison car il ne pouvait pas se permettre d'arrêter de travailler. Il allait donc effectuer deux voyages par semaine : arrivée le mercredi soir pour repartir le jeudi matin, puis du vendredi soir jusqu'au dimanche. Il serait autorisé à dormir avec moi en pédiatrie, et cette nuit-là, bien sûr, il resterait pour être présent durant l'opération.

Les heures qui ont suivi notre entrée ont été rythmées par une succession d'examens, de contrôles, de radios. Des milliers de mesures, de courbes où chaque hausse ou baisse venait nous inquiéter ou nous rassurer. Et bien d'autres examens destinés à préparer cette intervention qui aurait lieu le lendemain – à peine une semaine après ta naissance... J'aurais tant voulu te délivrer de ces miradors qui te scrutaient sans fin ! J'étais censée te protéger, veiller sur toi pour que rien ne t'arrive et je ne pouvais que rester là, impuissante, te laissant partir alors que tes pleurs me transperçaient le cœur. Il fallait que je me fasse violence pour ne pas t'arracher à eux, courir le long de ces couloirs interminables et t'emmener dehors, à l'air libre, cet air que tu n'avais pas encore vraiment respiré. J'avais envie de hurler cette douleur qui faisait se craqueler nos vies. Le ciel est sombre et se noie. Seigneur, laissez-le vivre, je vous en prie, laissez-le-nous.

Le soleil avait déserté la salle réservée aux soins intensifs. J'avais mal. À l'extérieur la vie s'écoulait, ordinaire, sans prendre la peine de s'arrêter sur les détresses qui se côtoyaient dans ce bâtiment. Moi aussi, avant, je faisais partie de cette multitude du dehors, de ces gens qui se hâtent toujours plus vite vers d'inutiles combats, sans même imaginer la souffrance qui se tisse derrière ces enceintes d'hôpitaux. Et pourtant, vu de l'intérieur, c'est un autre monde que l'on retrouve avec son lot de peurs et de maladies. Des existences entières que le néant happe, broie et rejette sous forme d'êtres détruits, blessés. La réalité n'est plus jamais la même une fois que l'on en ressort... Si l'on en ressort.

Et c'est seulement à cet instant que chaque paysage, chaque instant prend une intensité que l'on n'avait jamais soupçonnée avant ; les arbres, la lumière, ce silence immobile que rien n'épuise, l'air que l'on respire, tout cela revêt une valeur inimaginable, à peine perceptible aux autres, aux bien portants. Faut-il frôler à ce point le vide pour se rendre compte du spectacle qui nous est offert chaque jour ? Est-ce le prix à payer pour vivre réellement ?

La plus grande partie de mon existence s'était écoulée sans qu'aucun événement tragique ne vienne en troubler le cours, sans que je me préoccupe véritablement des difficultés que les autres pouvaient rencontrer. Quand j'y repense aujourd'hui, je m'en veux de ne pas avoir su voir ces frissons à peine dissimulés. Cette nuit-là, à l'hôpital, j'ai rêvé qu'un vide béant s'ouvrait sous mes pieds et que l'on me poussait dans un abîme noir et froid. Je lâchais ta main pour ne pas t'entraîner dans ma chute. Je ne criais pas, aucun son ne sortait de ma bouche, comme si j'avais conscience de mériter ce qui m'arrivait. Je me suis réveillée les idées embuées, le corps fatigué et meurtri. L'espace d'un instant, je ne savais plus où je me trouvais, les murs semblaient se rapprocher dangereusement de moi, oppressants et toujours si blancs ; mais je me suis rappelé que tu n'étais pas loin, que tu étais en vie, et le reste alors n'avait plus aucune importance.

Vendredi 24 novembre. Jour J. 8 heures. On est venu te chercher pour te transporter en salle d'opération, je t'ai gardé contre moi jusqu'au dernier instant, peau contre peau, comme à la première seconde de ton existence. Je t'en prie, bats-toi, mon petit amour, accroche-toi. Tu n'es qu'au début d'un long voyage et je voudrais tellement te faire découvrir la beauté de chaque chose, le goût de ces rêves que l'on façonne au fil des jours, la caresse de ce vent qui réinvente la nature au gré de ses envies, ces saisons qui nous dessinent tant de paysages, depuis la blondeur des blés jusqu'à cette neige immaculée qui recouvre tout tel un manteau dans le froid de l'hiver. Il suffit quelquefois de si peu de chose pour que la vie soit belle. J'ai besoin de toi, mon ange, de ta main dans la mienne, de tes rires, de tout ce qui est toi.

Ton père et moi t'avons accompagné une partie du chemin. Les couloirs n'en finissaient pas de se ressembler, longue marche vers la peur, labyrinthe qui brouillait tous nos repères. Juste une succession de flèches à suivre, sans savoir ce qui nous attendait au détour du prochain couloir, sans savoir où serait le bout. Je te regardais, allongé sur un chariot nickelé beaucoup trop grand pour toi, minuscule forme endormie qui s'en allait vers l'inconnu. J'ai serré ta petite main qui ne me répondait déjà plus, alors que déjà une paix insidieuse s'était emparée de toi. Mais il était l'heure de te laisser partir derrière ces portes battantes. Je devais te livrer à ces inconnus, à leurs instruments, leurs cadrans, leurs aiguilles, leurs mains gantées qui se mettaient à revivre au milieu de cet univers froid fait de métal et de caoutchouc. Te laisser à ce mal, bardé de cathéters, relié à ce tableau de bord, bateau si fragile qui pouvait dériver au gré des courants. Une nuée de médecins allait s'affairer autour de toi le temps d'une longue journée, chefs d'orchestre qui tiendraient ta vie au bout de leur baguette pendant que mon souffle resterait suspendu à leurs gestes. Toutes les phases de l'intervention avaient été répétées minute après minute, rien n'avait été laissé au hasard. Chaque mouvement des mains, de la tête, chaque regard devait être compris à la seconde.

Je me sentais tellement coupable. Pourquoi est-ce toi qui te retrouvais là ? Combien de fois me poserais-je cette question !

Mon Dieu, imaginer ce que tu allais subir me faisait hurler de douleur. Et ce curetage n'était que le début d'une longue série d'interventions, puisque tu devrais subir l'exérèse (c'est-à-dire l'ablation) de trois nævi aux jambes ainsi que des biopsies (des prélèvements de tissus pour analyses) du dos. Je n'avais pas le droit de poser un genou à terre, pas déjà, pas maintenant, jamais d'ailleurs.

L'opération a duré plus de trois heures trente. Tu es remonté du bloc sous un globe en Plexiglas destiné à te donner de l'oxygène en permanence. J'avais l'impression de me retrouver face à un rempart transparent mais infranchissable qui me narguait et que je ne pouvais faire tomber. Ton buste était enveloppé d'un bandage, tes petits bras perfusés et maintenus par de grandes attelles de bois afin que tu ne les plies pas. Malgré la morphine, ton corps n'en finissait pas de trembler. Et j'étais là, à quelques centimètres de toi, sans pouvoir rien faire ! Mon Dieu, libérez-le. Comment pouvait-on faire subir cela à un enfant, comment pouvais-je me retrouver là sans avoir la possibilité de te prendre contre moi, te serrer, t'éloigner de ce que l'on devait bien appeler ta vie ? Ta « vie »... Quelle vie ? Où était ce bonheur de l'enfance dont nous avions tant rêvé ? Était-ce tout ce que l'on pouvait t'offrir ? Que devais-je payer pour prix de ta souffrance ? Dites-le-moi. Prenez ma vie dix fois, mille fois, mais laissez-le vivre en paix, je vous en supplie.

Les jours qui ont suivi ont été suspendus au rythme de ton cœur qui s'emballait à cause de la douleur provoquée par l'opération, jusqu'à atteindre parfois deux cent quarante-cinq pulsations par minute. Tu avais perdu beaucoup de poids. Il fallait t'administrer énormément de morphine pour atténuer ta souffrance et le pédiatre était inquiet des résultats. Puis ta fièvre a fortement augmenté, on s'est aperçu que tu avais une infection due à une bactérie sur la plaie, et il a fallu te mettre sous antibiotiques. Je ne pouvais plus t'allaiter : ta peau était à vif à cause du curetage, et le moindre mouvement était un supplice ; alors te prendre, te peser, te garder dans mes bras pour te donner le sein, te peser à nouveau sur la balance avant de te recoucher, tous ces gestes auraient été un calvaire de chaque seconde que l'on ne pouvait te faire subir en plus du reste. J'ai donc dû tirer mon lait et te le donner au biberon.

Quand cela allait-il s'arrêter ? Mon ange, mon petit amour, accroche-toi à cette saleté de vie.

*
* *

Lundi 4 décembre 1995. Tu recommençais à prendre un peu de poids après cette longue descente en enfer. À chaque gramme gagné, je m'autorisais à reprendre une nouvelle respiration et je m'agrippais à ces chiffres comme si j'enfonçais mes ongles jusqu'au sang dans un Himalaya impossible à gravir. Mais nous parviendrons au sommet, malgré les vents, les tempêtes et le froid, malgré les peurs.

Et je te jure que nous le planterons, ce drapeau de la victoire. Oui, nous arriverons au sommet!

– 6 –

Janvier 1996. Nous étions de retour à la maison, avec toujours la peur au ventre. Nous n'avions aucune certitude sur ce qui se passerait dans les mois et les années à venir. « Personne ne sait », la médecine n'a pas suffisamment de temps ni de crédits à consacrer à une maladie « trop rare »... Le monde est ainsi fait que le nombre de malades décide de l'importance de la recherche !

Au cours des mois qui ont suivi notre retour, j'ai donc décidé de trouver des informations par moi-même. J'ai écumé les livres dans la bibliothèque municipale d'Annecy, au milieu d'une foule d'anonymes qui arpentait les salles silencieuses. Il régnait là une atmosphère de recueillement et de paix que rien ne troublait.

Je m'asseyais toujours au même endroit, à la plus petite table au fond de la pièce, près de la rangée de livres traitant de la médecine et de tout ce qui se rattachait aux maladies. Recherches infructueuses, maladies orphelines, débats ou témoignages... Au fil des jours et des semaines, je m'imprégnais de ces lignes sans trouver de réponses : tant d'autres avant moi avaient mis des vies entières à essayer de comprendre ! Après chaque heure passée là-bas, chaque jour de lecture sur des centaines de pages, je connaissais davantage certains aspects médicaux, mais je n'avais pas plus de motifs concrets d'espérer. Encore une fois, dans la mesure où il s'agissait d'une maladie rare, personne ne pouvait prévoir précisément son évolution. Pourtant, dans d'autres pays de la planète, des hommes cherchaient avec les faibles moyens qu'on leur donnait !

Dans la bibliothèque, nous avions à notre disposition Internet, ce qui me permettait d'accéder à un nombre d'informations incalculable aux quatre coins du globe. Par ce biais, j'ai pu découvrir un monde parallèle où se côtoyaient chercheurs, médecins, et de nombreux parents qui, comme nous, se trouvaient impuissants. La plupart des cinq mille maladies rares qui ont pu être répertoriées sont à la fois handicapantes et souvent fatales, et le nævus fait partie de cette liste. Au total, ce sont environ quatre millions de Français et plus de vingt-cinq millions d'Européens qui sont touchés par les maladies orphelines. Ces chiffres devraient pourtant suffire à convaincre la recherche médicale et les laboratoires pharmaceutiques de l'intérêt de travailler sur ces cas, puisqu'il faut parler chiffres et rentabilité pour se faire enfin entendre.

Le problème était qu'il n'y avait pas la moindre centralisation du peu d'informations qui auraient permis d'étudier cet amoncellement de recherches, d'expériences ou de questions ; chacun semblait se perdre dans son coin, ignorant qu'à des centaines de kilomètres les mêmes angoisses, les mêmes questions se frôlaient. Certains témoignages de parents relataient les difficultés rencontrées lors de la naissance de leur enfant, le manque de connaissances des médecins et par là même la perte de temps pour intervenir. La plupart de ces personnes ne savaient plus vers qui se tourner quand la médecine s'avérait impuissante. Et même lorsque, par chance, certaines familles étaient orientées vers le bon médecin ou le bon établissement, elles devaient faire face à de multiples soucis financiers : déplacements, hébergement, achat de crèmes de soins, prise en charge refusée, absences au travail... Un quotidien pour lequel elles recevaient peu de soutiens.

Un soir, en revenant de la bibliothèque, je me suis demandé comment j'avais encore le droit de conduire, de marcher, de respirer. Tout autour de moi, la circulation se moquait de mes peurs et s'agglutinait inlassablement. Comment pouvais-je penser, avoir d'autres réalités que la tienne ? Comment pouvais-je savoir qu'il me fallait mettre mon clignotant, tourner à gauche au prochain feu et ne pas oublier de m'arrêter à la supérette de la place des Lys pour prendre de quoi dîner ?

Arrivée près du magasin, j'ai trouvé une place pas trop éloignée pour me garer, ce qui m'arrangeait étant donné le retard que j'avais déjà pris pour rentrer. J'ai traversé la chaussée sans prendre garde aux voitures autour de moi, absorbée dans d'interminables réflexions. Une voiture m'a klaxonnée et son conducteur s'est mis à hurler je ne sais quoi avant de repartir furieux. Au moment où j'ai franchi le seuil de l'alimentation, le patron, que j'avais l'habitude de croiser, s'affairait à remettre en place son étalage de légumes. Il s'est arrêté en m'apercevant.

– Oh bonsoir, madame Carpentier... Alors, comment va votre petit garçon ?

– Bonsoir, monsieur Héris. Il va bien, je vous remercie...

Et je me suis faufilée entre les rayons, vite, pour fuir des questions pourtant banales, anodines, et ne résultant que d'une bonne intention. J'ai attrapé un paquet de pâtes et des steaks hachés congelés pour le repas du soir, j'ai payé en essayant d'éviter toute discussion et je suis ressortie dans la rue sans doute trop rapidement. Ce n'était qu'un exercice de style de plus, une pirouette que l'on ferait si bien devant les gens. Nous habitions ce quartier depuis un certain temps déjà et les personnes, quoique aimables et serviables, n'en restaient pas moins friandes d'histoires de voisinage. Il m'arrivait souvent de me retrouver coincée dans la file d'attente à la boulangerie ou ailleurs et je devais alors faire face aux inévitables questions. Mais je répondais vaguement, et je ne précisais jamais ce que tu avais : je ne voulais surtout pas qu'un indélicat divulgue la nature de ta maladie et fasse courir des bruits qui engendreraient des soucis supplémentaires.

J'ai retraversé la rue et me suis dirigée vers la voiture. Alors que j'étais assise au volant, il m'est apparu comme une évidence que je ne pouvais plus fuir les problèmes comme cela. Nous ne pouvions pas rester ainsi, sans armes, sans rien pour lutter. Nous avions le présent mais nous ne savions rien de demain. Nous, comme tant d'autres parents. Et je me suis rendu compte que ce que je désirais plus que tout, c'est que plus tard tu voies dans le miroir quelques rides au coin de tes yeux... Je le voulais de toute mon âme. Je voulais aussi qu'un jour tu puisses être fier de moi. Dès lors je devais avoir pour unique but de contribuer à faire avancer les choses, à changer les regards, pour que personne ne se sente seul devant le vide. Je tenais à en faire davantage pour ne pas me retourner un jour et m'apercevoir que je n'avais pas donné tout ce qu'il aurait fallu.

Quand je me suis garée dans le parking de l'appartement, je savais que quelque chose allait changer.

Ce soir-là, après le dîner, nous nous sommes assis tous les deux à la table de la cuisine, ton père et moi, comme nous en avions l'habitude. Le silence avait envahi l'appartement, Maxime et toi étiez endormis, et seule la petite lumière au-dessus de l'évier nous éclairait.

– Tu te souviens de ce que nous avait dit le docteur Azner à Lyon ? ai-je demandé.

– Franchement, non...

– Que seules les batailles que l'on ne mène pas sont perdues d'avance. Tu sais, j'ai beaucoup réfléchi à cette phrase ces derniers temps, et je crois que notre combat pour Raphaël ne peut pas se livrer en ignorant les autres...

– Je suis d'accord avec toi, mais que peut-on faire de plus ? Je me sens déjà quelquefois comme un Don Quichotte, à me battre contre un adversaire invisible. Alors, pour ce qui est des autres...

– Je ne sais pas tout à fait moi non plus, mais en allant à la bibliothèque j'ai eu l'impression, comment te dire... de faire partie d'une chaîne dont les maillons ne se rattachent jamais ensemble, tu comprends ? Et pourtant, je ressens de plus en plus un besoin viscéral de faire quelque chose.

Je me suis tue pendant un moment. Ton père n'a pas répondu tout de suite.

– Tu penses à quoi, en fin de compte ? Parce que j'imagine que tu as déjà une petite idée ? m'a-t-il dit avec un air qui n'avait pourtant rien de convaincu.

– En fait, je pensais à une association... qui aiderait les personnes qui ont les mêmes interrogations, les mêmes peurs que nous. Pendant mes recherches sur Internet, j'ai « croisé » des médecins, des parents, des chercheurs, mais tous ces gens n'avaient aucun contact entre eux ! Alors je me dis qu'en montant une association, on pourrait créer un peu comme un lieu où tout le monde trouverait des réponses, un soutien. Mais tu trouves ça idiot et naïf, n'est-ce pas ?

Ton père a levé les yeux vers moi tout en jouant avec les miettes de pain restées sur la nappe.

– Hum, non. En fait, tu m'impressionnes... Nous traversons la pire période de notre vie et, toi, tu relèves un nouveau défi. Oui, vraiment, tu m'impressionnes. Même si tu espères l'impossible. Mais je serai là, parce que je sais qu'avec ton énergie tu serais capable de retourner le monde en inversant le sens de rotation de la Terre ! Alors oui, je te suis.

Peut-être que j'avais aussi épousé ton père pour ça... Pour cette force apaisante sur laquelle j'étais sûre de pouvoir trouver un appui. Ensemble nous avons affronté les mauvais courants, les doutes, les regrets, les échecs, mais nous sommes restés debout coûte que coûte. Il a toujours été un père très présent, assurant le quotidien, à la fois tendre et sévère, calme et audacieux, et son amour ne s'est jamais démenti même si nous avions des façons parfois différentes de faire face.

*
* *

Après seulement quelques jours, nous avions déjà fait les démarches nécessaires pour immatriculer l'association sous le régime de la loi de 1901, trouver un nom et créer un logo pour nos courriers. L'association a vu le jour le 30 mai 1996 sous le nom « d'association Nævi ». Ton père occupait ses soirées sur Internet avec un ordinateur que nous avions installé dans le salon, et c'est ainsi qu'est né notre site : www.naevi.com. Nous avons passé des journées entières à réfléchir au contenu, à nous mettre en quête d'informations médicales, d'aides financières ou administratives, à chercher quel genre de soutien nous pourrions apporter. C'était un travail énorme, mais tellement important, et j'avais moi aussi beaucoup à apprendre. Heureusement, au cours de mes recherches à la bibliothèque, j'avais acquis beaucoup de notions sur cette maladie, et je voulais centraliser le tout en quelque chose de clair et d'accessible. Nous avons donc mis en place sur le site de nombreuses photos, des rapports médicaux, des témoignages...

Dans les débuts, l'association était financée uniquement par notre argent personnel, et nous n'avons pu éditer qu'une simple plaquette avec très peu de photos. Nous avons ensuite décidé de mettre en place des manifestations, de récolter des fonds qui serviraient à faire connaître la maladie et à aider les familles. En effet, le traitement d'un nævus géant congénital passe par de la chirurgie esthétique et le coût de ces opérations, ainsi que celui des crèmes de soins, n'est donc pas systématiquement couvert par les caisses de Sécurité sociale. Les chirurgiens qui pratiquent ces interventions officient la plupart du temps dans les hôpitaux privés, ce qui ne facilite pas les choses : comme les tarifs sont libres, les dépassements d'honoraires ne sont pas remboursés automatiquement. Beaucoup de parents n'ont pas les moyens financiers pour y faire face et se retrouvent alors contraints de trouver des solutions d'urgence. L'association est aussi là pour les aider.

Durant les années qui ont suivi, nous avons obtenu des pouvoirs publics la prise en charge intégrale des soins dispensés en hôpitaux publics, et ce quelle que soit la zone sanitaire de l'enfant. C'est ainsi que les Caisses primaires d'assurance maladie doivent prendre en compte les frais d'hospitalisation à hauteur des tarifs de l'établissement public le plus proche du domicile des parents, ainsi que les frais de transport. Pourtant, il arrive que certaines familles soient encore confrontées à un refus de prise en charge de la part de leur CPAM : les difficultés que l'on peut imaginer sont bien au-dessous de la vérité. Notre rôle est donc d'intervenir auprès de ces caisses afin que les orientations fixées par l'État soient respectées.

Sous ces orages qui s'amoncellent, d'autres luttes sournoises se livrent : financières, administratives, familiales... Autant de problèmes à gérer pour les parents alors même que le ciel leur tombe sur la tête. Il faut affronter les honoraires médicaux, les frais hospitaliers, le coût des transports, les problèmes de temps et de travail de chacun, les formalités... Presque personne n'a la capacité de faire face sans se retrouver au bord de la dépression. Il est plus facile de se frayer un chemin en pleine forêt tropicale avec une horde d'animaux sauvages autour de soi qu'au milieu de tous ces soucis quotidiens, quand la maladie vient vous rappeler constamment la fragilité de la vie. Ces difficultés extérieures rendent les parents encore plus vulnérables, chancelants, alors qu'ils sont déjà désarmés par un pronostic qu'ils ne maîtrisent pas. Ils se sentent impuissants à comprendre, sans aucune prise sur le devenir de cette maladie, et ces problèmes supplémentaires viennent renforcer en eux le sentiment que leur propre histoire leur glisse entre les doigts. À ce corps à corps avec la souffrance et la peur s'ajoute l'inévitable enfermement des parents dans l'univers hospitalier, qui génère une rupture presque totale avec leur existence d'avant. La cellule familiale, l'activité professionnelle, les relations de couple, toutes ces fractures les précipitent vers un vide soudain et incontrôlable. Et nous sommes là aussi pour les aider à déposer peut-être un peu de leur fardeau entre nos mains; ce pas à pas quasi quotidien des familles requiert une énergie énorme, et nous faisons de notre mieux pour les soulager de leur angoisse, de ces tensions dont ils ne peuvent pas parler autour d'eux. Se sentir écoutés, voilà ce qui leur permet souvent de tenir.

Nous avons ainsi, quelques années après la création de « Nævi », accueilli chez nous durant plusieurs mois une petite Congolaise âgée de dix-huit mois, Naomi, qui devait se rendre en France pour une série d'opérations de son nævus. Elle est restée avec nous comme un membre à part entière de notre famille. Grâce à l'association, nous avons pris en charge la totalité des frais de transport et des frais médicaux. J'ai également pu accompagner Naomi au bloc opératoire et assister à toute l'intervention. Nous avions fréquemment ses parents en ligne par le biais de conversations sur Internet, et même si l'éloignement de la famille n'est jamais facile à vivre pour les enfants, je crois que nous avons beaucoup à apprendre de leurs facultés d'adaptation. Naomi, par exemple, a découvert avec émerveillement ce qu'était la neige ! Aujourd'hui, malgré son retour chez elle, sous le soleil de Brazzaville, nous échangeons très régulièrement des nouvelles.

Nous avons également formé le projet, avec l'aide d'unités médicales spécialisées dans le traitement du nævus géant, d'éditer une brochure d'information ainsi qu'un CD-Rom expliquant les différentes techniques opératoires. Ces informations seraient destinées au corps médical afin que les enfants atteints d'un nævus soient décelés, pris en charge, puis orientés le plus rapidement possible vers les centres de soins adéquats ; cela éviterait aussi aux parents de se retrouver dans la situation où on leur annonce froidement que leur enfant va mourir, comme cela a été notre cas, et comme cela s'est répété bien trop souvent auprès des familles que nous avons rencontrées. Ce projet de CD-Rom n'a pas encore pu voir le jour, mais nous ne désespérons pas de le réaliser !

Malgré les difficultés auxquelles nous avons dû faire face au cours de ces années, nous avons rencontré des personnes magnifiques et surprenantes, anonymes ou célébrités, donnant de leur temps, de leur patience, de leur amour et de leur talent afin de nous aider dans la mesure de leurs moyens. Tout cela sans jamais rien attendre en retour. Donner, simplement pour donner. Grâce à beaucoup de ces gens, nous avons pu organiser des forums, des colloques, des séminaires, des manifestations. Cela s'est aussi traduit par le parrainage de personnalités qui nous ont soutenus dans notre lutte. Dès le début, en effet, nous avons pris conscience que sans l'appui d'une personne médiatisée, nous aurions peu de chances de faire connaître notre combat et par là même d'obtenir plus de crédibilité et d'écoute. Mais qui contacter ? Henri Dès s'est imposé naturellement, grâce aux enfants qui nous faisaient découvrir l'univers de ses textes si riches et si beaux. Entre notre souhait et sa réalisation, il existait certes un fossé... que nous avons franchi allègrement. Après tout, pourquoi pas ? Et c'est par un simple courrier que nous avons sollicité l'aide de l'artiste. L'engagement d'Henri Dès a dépassé tous nos espoirs puisqu'il a offert un concert au profit de l'association, et a répondu présent à chacun de nos appels. Plus tard, d'autres parrains nous ont proposé leur soutien, notamment Pascal Bataille et Laurent Fontaine – mais j'en reparlerai...

– 7 –

Tu avais presque quatre ans. Depuis ta première opération en Belgique, tu avais subi sous anesthésie générale deux biopsies du nævus, destinées à obtenir des prélèvements de tissus dont l'analyse permettrait de dépister d'éventuelles modifications cancéreuses. À chaque fois, nous attendions avec angoisse les résultats. Toi, l'enfance te préservait de certaines de ces réalités, te maintenait à distance de mots tels que la « mort », qui ne signifiaient heureusement encore rien pour toi. En dehors de ces examens, notre vie s'écoulait presque aussi normalement que dans n'importe quelle autre famille. Le ménage, les courses, l'école, le travail et, bien sûr, l'association : celle-ci regroupait de plus en plus d'adhérents et nous prenait une énergie considérable. Tous les trois ou quatre mois, nous organisions par exemple des lotos ou des stands où nous vendions des objets pour récolter un peu d'argent. De plus, nous passions énormément de temps à renseigner, orienter mais surtout écouter toutes ces personnes qui nous téléphonaient ou nous contactaient par le biais de notre site Internet. Tout cela composait notre quotidien et nous laissait peu de temps pour souffler. Ton père travaillait toujours dans ce magasin de dépannage, et de mon côté j'avais pris depuis peu un travail d'assistante maternelle : je gardais à la maison deux enfants que les parents me déposaient le matin et venaient reprendre en fin d'après-midi. Gérer le tout n'était pas simple, mais nous parvenions à nous en sortir.

*
* *

15 mai 1999. Ce jour-là, nous avions décidé de t'emmener à la piscine pour la première fois. C'était une nouvelle étape qu'il nous fallait franchir, un autre combat tout aussi difficile et déloyal que les précédents, celui des mots et du regard des autres.

Le printemps avait été assez désagréable, pluvieux, comme si le gris voulait se cramponner aux derniers jours qui lui restaient. La piscine n'étant pas très loin, nous avons fait le chemin à pied, profitant de la douceur matinale qui commençait à se revêtir de quelques rayons de soleil. J'aimais ces instants où le rythme de la ville s'éveillait lentement.

C'était une piscine municipale qui ressemblait à celles que j'avais fréquentées durant mon enfance, avec cette odeur si particulière qui vous enveloppait dès que vous poussiez la porte d'entrée. Les douches carrelées de blanc, où l'humidité avait élu domicile, se trouvaient au premier étage. Il n'y avait qu'un bassin, certes assez grand, mais le monde qui se retrouvait là certains jours aurait pu largement en occuper deux. Un toboggan avait été installé, à la grande joie des enfants qui le transformaient en un repaire inaccessible aux adultes.

Cela faisait des années que je n'avais pas nagé et je retrouvais l'atmosphère de mon enfance comme si rien n'avait changé. Toujours ces mêmes pancartes qui enjoignaient de ne pas courir, ces maîtres nageurs surplombant le bassin, assis en haut de leur mirador, et cette concentration de corps si différents les uns des autres que nous pourrions passer inaperçus. Enfin, c'est ce que j'avais voulu croire...

Maxime nous accompagnait, puisque c'était samedi et qu'il n'avait pas école. Évidemment, tu sautillais de joie à l'idée de passer cette matinée avec lui ! Même si une certaine appréhension ne te quittait pas depuis que tu savais qu'il faudrait te mettre en maillot de bain devant des personnes que tu ne connaissais pas et montrer ainsi ton nævus et les poils qui recouvraient une partie de ton dos (ils étaient apparus un an environ après ton curetage, comme le Dr Azner nous en avait prévenus). J'avais essayé de te rassurer en te parlant de tous ceux que l'on croise dans les piscines, ces corps charnus ou osseux, de différentes formes, de différentes tailles. J'avais agrémenté mon histoire de descriptions saugrenues puisées dans ces bandes dessinées qui te faisaient tant rire. Comment avais-je pu oublier qu'il existe toujours, au détour d'une page, des méchants personnages qui font peur aux enfants ?

Nous avons rejoint le bassin, enveloppés dans nos serviettes, un peu frileux à l'idée de devoir les déposer. Toi, tu as revêtu l'enthousiasme de ton âge, et tu poussais des cris d'émerveillement devant cet endroit. La vue du toboggan a fini de te faire oublier tes dernières réticences. Magie de l'enfance... Une serviette qui glisse sur le sol, un large sourire et te voilà parti à la découverte de ce nouveau monde tel un marin bravant le large, avec Maxime pour seul capitaine au milieu de cette agitation joyeuse ! Ton père et moi, nous restions dans ton sillage comme des mousses fidèles, prêts à obéir à tous tes ordres. Mais les vents que nous redoutions ne se sont pas levés là où nous le pensions.

Je croyais que nous devrions affronter des regards discrets, quelques mots glissés doucement au creux d'une oreille... Là, j'aurais su faire semblant. Semblant de ne rien voir, de ne rien entendre, et rester digne pour ne pas leur donner un os de plus à ronger. Surtout, ne pas être l'objet de leur pitié ! Mais la cruauté n'a pas de limites.

Tu t'étais retrouvé dans l'eau en quelques secondes, armé de brassards pour barboter à ton aise, oubliant tous ceux qui t'entouraient : aujourd'hui, le monde t'appartenait et tu avais bien gagné cet instant de liberté. Une fois tes premières peurs vaincues, tu as décidé de t'attaquer au toboggan. Escorté de ton grand frère, ton plus fidèle allié, tu t'es élancé à l'assaut de ce château tourbillonnant, imaginant que le seigneur l'avait fui pour quelque temps en laissant tous ses trésors à l'intérieur.

Il y avait une femme aux formes alourdies qui nous suivait du regard depuis un long moment. Assise sur le rebord du bassin avec deux autres personnes, elle surveillait son fils qui se baignait avec quelques enfants. Maxime et toi étiez revenus dans le grand bain après avoir fait quelques glissades, et je m'étais assise moi aussi sur les margelles afin de vous avoir en permanence dans mon champ de vision. J'ai remarqué cette femme assez rapidement, un peu comme une couleur trop vive qui ressort d'un tableau : vous ne savez pas très bien pourquoi votre œil revient constamment vers le même endroit, mais vous avez l'impression très nette qu'il y a une raison à cette attirance...

Puis j'ai compris le petit manège de cette mère. Elle éloignait son enfant systématiquement dès que tu jouais trop près de lui, sans la moindre discrétion, sans la plus petite once de compréhension. Cette réaction avait quelque chose de prévisible, malheureusement. Je savais que nous aurions à faire face à la peur qu'éprouvent les gens devant ce qu'ils ne maîtrisent pas. Je me suis demandé comment faire pour que tu ne t'aperçoives de rien, mais, occupé comme tu l'étais à sauter sans arrêt dans l'eau, ce qui se passait autour de toi faisait partie d'un décor un peu flou. À te regarder comme ça, heureux et insouciant, j'aurais presque pu oublier le reste, cette maladie qui ne nous lâchait pas d'une semelle, ces fêlures cachées, cette terreur face à l'avenir... Oui, j'aurais pu oublier tout cela, et pourtant j'ai su que ce simple et minuscule morceau de bonheur allait s'achever dans quelques secondes. Je voulais juste que tu ne sois pas trop près de moi, que tu n'entendes pas ce qui allait fatalement se dire. Dieu merci, tu t'es éloigné vers d'autres aventures.

Cette femme enveloppée de dureté s'est dressée devant moi, marquant ainsi la distance qui existait entre sa vie et la mienne. Je l'entendais parler sans y prêter vraiment attention, jusqu'au moment où quelques mots me sont parvenus comme si je marchais dans leur ombre.

– On devrait lui interdire d'être là ! Je trouve ça inadmissible, de le laisser se baigner au milieu de nous. Ces enfants-là n'ont rien à faire ici. Moi, je ne pourrais pas supporter que mon fils ressemble à ça !

... Glisser sur les mots, ne pas s'enliser dans ce bourbier, continuer à te protéger. C'est ce que je devais faire, trouver encore plus de force en moi puisque je ne pourrais jamais changer les autres...

Nous faisions partie de ce monde où l'on n'aime pas les différences, il fallait les ôter de notre vue, les oublier. L'important était de ne pas déranger les bien portants, cette opinion bien-pensante qui estime, sans le dire tout haut, que les altérités gênantes sont un luxe inutile pour notre société. Ce goût de l'ordre, du confort égoïste et intolérant. Comment aurais-je réagi avant, quand je faisais partie du cercle des « gens normaux » ? Aujourd'hui, j'étais de l'autre côté de la barrière. Et ce vernis que j'entretenais si bien depuis quatre années s'est craquelé, comme un navire échoué dont le bois pourrit à force d'essuyer trop de tempêtes. Il n'y avait plus rien sous mes pieds qui me soutienne, plus rien que ta vie pour laquelle je me battais. Cependant j'ai compris qu'il serait inutile de répondre, de m'épuiser dans un combat où les mots seraient ma seule arme. Et sur ces cendres encore brûlantes, avides de paroles qui n'auraient fait qu'attiser ce feu, j'ai serré les dents, je me suis levée, je n'ai rien dit.

Si étonnant que cela puisse paraître, j'ai éprouvé comme un soulagement. Comme si ces paroles insultantes m'avaient tirée d'un état d'inertie irréel. Il m'a semblé que, pour la première fois depuis des mois, j'étais de nouveau prête à faire front, mais d'une façon différente. Après tant de doutes, tant de terreur et surtout après cette douche glaciale, je me suis aperçue que ce que nous vivions devait servir aux autres. J'avais l'impression de trouver le sens, la raison de ce chemin parcouru...

Très souvent, notre plus grande ignorance est celle de notre propre vie, et j'ai alors pris conscience de tout cela, de tout ce qui fait que l'on a besoin des autres pour avancer, et peut-être de façon encore plus aiguë pour nous. Il faut donner pour recevoir et j'ai tellement appris de toi. Je suis fière de toi. Tu m'as offert chaque jour un peu plus de ce courage, de cette force qui t'ont fait te relever tant de fois bravement, de ces larmes retenues pour ne pas nous faire de peine, sans jamais baisser les bras, sans jamais en vouloir aux autres pour ce que tu traversais. Tu as raison, mon petit amour, la vie est belle... Vis-la aussi intensément que tu le peux, et tout ce bonheur que tu me donnes je voudrais le faire partager à mon tour, pour qu'un jour, à ton tour, tu puisses être fier de moi.

Comme trop de gens, j'avais passé une grande partie de ces années sans vraiment regarder autour de moi. Je pensais tout simplement que je ne pourrais rien faire seule contre les malheurs du monde, que ma petite personne ne pourrait jamais changer les choses. De temps en temps, je me donnais bonne conscience en participant financièrement à quelques actions en faveur de grandes causes, et puis j'oubliais, jusqu'au prochain appel télévisé qui me rappellerait la chance que j'avais en me montrant des images bouleversantes. Mais je n'avais jamais voulu prendre le temps d'aller plus loin, de me remettre en question. Après tout, pourquoi l'aurais-je fait, puisque le monde continuait de tourner ainsi? Tout était pour le mieux, et puis j'avais mon travail, ma famille, beaucoup de choses à gérer... C'est vrai que l'on n'aime pas trop entendre les malheurs des autres, on est plus enclin à détourner le regard, à refuser d'en savoir plus.

Nous sommes des millions dans ce cas-là, à vouloir tenir le malheur à distance à l'aide d'un don, d'une signature qui marque la fin de notre engagement, sans jamais essayer de voir la douleur qui se profile au-delà. Oui, je réagissais ainsi, moi aussi. J'avais comme tout le monde peur de la maladie, de la souffrance, de la mort... Je fuyais avec les moyens qui étaient à ma portée. Je n'avais jamais voulu réfléchir aux regards que l'on porte sur la différence; non, je n'y avais jamais pensé, jusqu'à ce que j'y sois obligée!

Et puis la vie bascule quelquefois... sans raison.

Le monde change alors de couleurs, de dimensions, de priorités. Il n'y a plus rien de nos rêves d'enfants où le Bien triomphe du Mal, plus rien de nos espoirs d'adolescents lorsqu'on s'imaginait « plus tard » à la tête d'une petite famille, plus rien de tout cela, plus rien que le vide.

– 8 –

La maladie devenait comme un lierre sauvage qui étendait ses ramifications, s'accrochait, se développait de plus en plus, étouffait nos lendemains entre ses liens.

Je me souviens de ces peurs nocturnes contre lesquelles tu te débattais. Tu appelais, criais, tu suffoquais même tant que je n'arrivais pas près de toi. Dès que j'étais accourue dans ta chambre, je te trouvais tremblant, haletant, en sueur, incontrôlable, incapable d'articuler la moindre parole. J'avais l'impression que ton corps t'échappait. Les battements de ton cœur ressemblaient à la course folle d'un animal sauvage traqué, à bout de souffle. À ces moments, nous n'étions plus du même monde, j'en étais exclue, interdite. Cela ne durait qu'un bref instant, mais insoutenable. Je tentais de le noyer dans des demi-mensonges qui me rassuraient : ce n'était rien, rien, rien... Tout doucement, tes terreurs s'écartaient et tu retrouvais le chemin de mes bras. Là, blotti contre moi, je te berçais avec des « je t'aime » sans fin. Je n'osais pas t'interroger tout de suite sur tes cauchemars mais j'en devinais les méandres, sombres, incohérents, effrayants.

Lorsque les battements de ton cœur reprenaient leur cours normal, je te sentais déposer les armes entre mes bras.

Très souvent tu t'éloignais violemment de moi, le regard encore apeuré, comme si la tempête que tu venais d'essuyer se levait à nouveau :

– Ils vont revenir ?

– Mais qui ça, mon ange ?

– Les gens, ceux qui veulent me prendre !

– Non, mon petit amour, je resterai là, près de toi. Rien ne pourra t'arriver, je te le promets. Viens dans mes bras, tout contre moi, tu vas te rendormir. Je ne pars pas, ne t'inquiète pas.

– Maman, si tu m'aimes fort, ne les laisse pas m'emmener...

Tes yeux étaient alors pleins de larmes.

– Maman, dis-moi encore avant... Mais réponds-moi pour de vrai : est-ce que j'aurai le temps de devenir grand ?

Il y a des mots d'enfant qui ne peuvent laisser insensible. Je souhaitais tellement t'en offrir de plus doux ! Mon Dieu, comme j'aurais voulu que tu me demandes simplement le dernier jeu à la mode, ou un vélo pour ton anniversaire, tout ce que l'on réclame normalement à ton âge, mais pas ça... Je n'avais pas de réponse aux questions que tu te posais, pas plus du reste qu'à toutes celles que je me posais moi-même. Qu'allait-il se passer ? Pourquoi était-ce à toi que cela arrivait ? Qu'avais-je fait pour que tu aies cette maladie ? Je te serrais alors encore plus fort, et je te murmurais tout ce que j'avais dans le cœur.

– Mon petit homme, ne t'inquiète pas... Le temps n'a pas autant d'importance que ça. Ce n'est pas parce qu'on vit cent ans que la vie sera plus belle ! Je sais bien que tu me fais confiance, même si parfois, c'est vrai, les grands mentent. Et je vais te dire un secret : je l'ai fait moi aussi, quand j'avais trop peur et que je n'étais pas assez courageuse. Toi, tu es très, très courageux. Je sais que tu peux comprendre plus de choses que les autres enfants, alors je ne vais pas te mentir en te donnant une réponse, parce que je n'ai pas de vraie réponse à ta question. Mais je te jure que ta vie sera merveilleuse, tu peux me croire, même si c'est souvent plus difficile pour toi que pour d'autres enfants. Il faut juste que tu penses très fort à tous les moments que tu as comme à des cadeaux : quand il fait beau par exemple, quand tu joues avec Maxime ou quand papa te raconte l'histoire que tu préfères. Regarde, tu vois ce petit moment que l'on passe ensemble, il n'a l'air de rien, et pourtant il est bien plus précieux que beaucoup d'autres instants. Et tu sais pourquoi ? Tout simplement parce qu'on sait déjà, toi et moi, ce qui est important dans la vie. Je t'aime, mon petit amour, et ça, le temps ne pourra jamais nous l'enlever. Alors profite de ces moments, mais promets-moi une chose : n'oublie jamais aucun de tes beaux rêves. Ils sont comme une petite lumière qui t'aidera à ouvrir les yeux chaque matin, et ils t'emmèneront partout où tu voudras.

– J'oublierai pas, maman. Mais tu restes quand même un peu là ? Promis ?

– Promis, juré. Je reste.

Je te gardais contre moi un long moment, en silence, écoutant ta respiration s'apaiser. Ces nuits-là, je n'arrivais pas à me rendormir. En général tu t'assoupissais rapidement, les deux doigts de ta main droite recroquevillés dans la bouche, pendant que ton autre main cherchait le bord du drap comme un lien fragile auquel t'accrocher. Petit voyageur à la recherche d'un havre de paix, rassuré d'avoir trouvé un autre songe. Je m'éloignais alors doucement, quand je te sentais à nouveau calme entre mes bras. Je m'asseyais à ton bureau, emmitouflée dans la couverture polaire qui te servait de couvre-lit, et là je te regardais dormir. J'aimais tellement ces moments où ton petit corps faisait la paix. À quoi pensais-tu, dans ces instants ?

Plus tard, nous avons pu parler de ces peurs nocturnes. Tu m'as raconté quelques bribes des cauchemars dont tu arrivais à te souvenir. Il y avait toujours ces ombres blanches qui revenaient sans cesse, t'attendant au détour de chaque sommeil, s'éloignant, revenant pour t'entraîner plus loin encore. Tu repoussais chaque soir le moment d'aller te coucher, redoutant d'y croiser à nouveau ces cauchemars indomptables. J'ai compris au fil de tes mots que ces ombres n'étaient que les médecins, infirmières, salles toujours trop blanches qui vampirisaient ton enfance. La force de ton désespoir lorsqu'il fallait retourner à l'hôpital, ce « là-bas » que tu avais tant de mal à vivre et auquel on ne pouvait pourtant te soustraire. « C'est pour toi, mon ange, il faut y aller... » Comment pouvais-je te faire comprendre cela, et surtout comment trouvais-je la force de te le dire alors que j'aurais dû te protéger, parer ces coups qui me déchiraient le cœur ? Mon enfant, mon éternel amour...

– 9 –

Bientôt, tu as fait ta première rentrée en maternelle dans une petite école à deux pas de la maison – ainsi, je pourrais t'emmener chaque matin à pied.

Une cour de récréation comme tant d'autres. Quelques rondes de fillettes aux robes fleuries et nattes tressées, un petit groupe recroquevillé sur lui-même où l'on chuchote ses premières complicités, un jeu de marelle dessiné au centre de la cour qui vous porte bien plus vite au ciel que le moindre rêve et, du côté des garçons, des jeux de billes, une partie de foot, des cris, des rires. Des scènes d'enfance qui me ramenaient à mes propres souvenirs. Rien, dans cette image d'Épinal, ne laissait supposer une quelconque dureté chez ces têtes blondes, si ce n'est un petit groupe, un peu à l'écart, qui t'a regardé d'un air bizarre. Mais sur le moment, je n'y ai pas prêté attention, et toi non plus : tu étais bien trop excité à l'idée d'aller à l'école « comme Maxime » !

Ton père et moi, nous avons bien sûr parlé tout de suite de ta maladie avec l'équipe enseignante. Il fallait qu'elle soit au courant pour savoir comment réagir au moindre incident. Et puis nous avons prévenu que tes absences seraient peut-être fréquentes, compte tenu des examens réguliers et des interventions auxquelles tu devrais très certainement te soumettre à l'hôpital.

Pendant une assez longue période, nous avons cru que tout se passait bien. Tu ne nous parlais d'aucun problème, et aucun signe flagrant ne nous laissait penser qu'il y avait le moindre souci avec les autres enfants. Chaque soir nous passions un moment avec toi, juste avant que tu t'endormes. Nous pouvions nous dire ces secrets que l'on ne confie qu'à la nuit, comme un rituel magique. Des minutes de bonheur et d'amour mises bout à bout que nous gardions comme un précieux trésor que nous étions seuls à connaître vraiment. Oui, nous pensions que tu allais bien à ce moment-là. Oui, encore une fois, nous pensions être assez à l'écoute. Et tu n'as rien laissé paraître...

La maîtresse qui s'occupait de ta classe, Michèle, était une femme aux cheveux longs, déjà blancs, qu'elle portait relevés. Elle devait avoir la cinquantaine peut-être, des yeux bleus, pétillants, où se reflétait encore cette envie de transmettre qui n'a pas été entamée par les années. Ton entrée en classe ne lui avait posé aucun problème, et elle s'était montrée très compréhensive. Nous t'avions confié à elle avec l'espoir secret que tes ailes s'ouvriraient vers un autre monde qui te ferait oublier, ne serait-ce qu'un peu, cette maladie qui, telle une araignée, étendait sa toile sur chacun de tes pas. Toi, tu n'avais pas peur d'affronter les regards, les mots, tu voulais trouver ta place au milieu des autres afin de prouver que toi aussi tu faisais partie de cette « normalité ». Mais notre plus grande angoisse pour toi était justement la réaction des autres enfants. Nous avions fait le choix de ne pas en parler aux élèves afin d'éviter les sous-entendus ou les moqueries. Et nous redoutions par-dessus tout qu'une indiscrétion laisse courir des bruits qui pourraient revenir à tes oreilles.

Heureusement, ton nævus et les poils qui le recouvraient par endroits étaient invisibles à partir du moment où nous faisions attention à tes vêtements. Mais c'était sans compter « l'intelligence » de certains parents qui avaient dû en discuter sans aucune retenue...

La cour d'école devenait le lieu idéal où les enfants pouvaient braver les interdictions, comploter dès qu'ils se sentaient à l'abri du regard des adultes. Le rappel s'organisait, les camps se formaient et les plus durs s'annexaient un territoire imaginaire. En fait, ce périmètre était un défouloir où l'on mesurait sa repartie, sa force au détriment d'un seul. Des chuchotements agrémentés de rires parcouraient le petit groupe, faisant l'unanimité du jeu des lâches. Avec cette facilité qu'ont les enfants lorsqu'ils trouvent plus faibles qu'eux. Tes camarades de classe étaient devenus ces ombres noires qui régnaient sur toi dès qu'il n'y avait pas de « grand ».

– Mon père à moi, il a dit que t'as une sale maladie avec des taches partout, et puis aussi qu'il vaut mieux pas te toucher parce qu'on sait jamais, si ça s'attrape !

– Eh ! la tache, fais gaffe de pas en mettre partout !

– T'as vu, t'es tout sale. Tu pourrais te laver, quand même...

Parce qu'il n'est besoin que de quelques mots pour blesser profondément, parce que tu ne savais pas quoi leur répondre, parce que ces paroles touchaient cette fêlure secrète qui t'effrayait, tu t'es lentement refermé sur toi-même.

Il suffit souvent de peu de chose pour se retrouver dans le camp des victimes. Quelques centimètres de moins, une couleur, une particularité physique, une histoire différente...

Et puis la cloche sonnait. Grands et petits redevenaient ces chères têtes blondes innocentes. La meute se dispersait mais ne perdait pas la piste de sa proie. La salle de classe, les couloirs, les sorties, chaque occasion était bonne.

À cet âge, la grandeur se signe toujours sur le dos de quelqu'un. Durant ces quelques mois, ce fut toi et tu ne nous en as parlé que bien plus tard, quand le fardeau est devenu trop lourd... Nous te sentions t'éloigner depuis déjà un certain temps, tel un animal blessé qui se cache quand il a mal. Mais ta réponse était toujours la même : « Non, ça va... » Et nous ne pouvions rien faire si tu ne te décidais pas à nous parler. Des mensonges pour se cacher et le ciel pour pleurer sans que personne ne sache...

Les soirées se succédaient sans que nous trouvions la raison de ton changement d'attitude. Ton rire d'enfant manquait dans l'appartement, manquait aux repas, manquait à ton frère, nous manquait. Ta joie de vivre s'était éteinte malgré tous nos efforts. Tu chipotais dans ton assiette et en oubliais même de jouer.

Jusqu'à ce qu'un jour tu reviennes de l'école les genoux écorchés : tu avais fait une chute toute bête dans la cour, nous as-tu dit, mais tes yeux fuyants ont éveillé nos doutes. Le soir même, lorsque ton père et moi sommes venus te dire bonsoir, j'ai senti toute la douleur de ton regard, tu semblais tellement malheureux. Tu t'es recroquevillé au fond de ton lit quand j'ai soulevé le drap pour examiner tes écorchures. Tu gardais les yeux baissés, comme si tu étais coupable malgré toi de cette situation. Dans un murmure, je t'ai demandé de nous parler de ce qui s'était réellement passé à l'école.

Là, tu t'es mis à pleurer et tu nous as tout raconté : les mots, les rires moqueurs, les peurs relayées par les adultes, les surnoms comme « le dalmatien », « la tache », et combien d'autres qui m'ont fait tant de mal quand je les ai entendus.

– Y en a un qui a voulu m'enlever mon tee-shirt. Ils ont dit que j'étais un singe et que je devrais être dans un zoo avec les animaux...

Ton repli était ta seule défense, ce silence, ces choses que tu ne pouvais pas leur expliquer sans qu'au bout de trois mots un enfant plus malin que les autres ne rebondisse dessus et n'y trouve un nouveau terrain de lancement pour ses moqueries. Tu ne nous avais rien dit pour affronter seul, droit et indifférent, ce monde qui était le tien et où tu pensais que l'intervention d'un adulte ne ferait que te fragiliser aux yeux de ces caïds.

Cela s'était produit à plusieurs reprises, toujours avec un certain Philippe en tête, un garçon de deux ans plus âgé que toi, avec une dizaine de centimètres en plus. Il n'habitait pas très loin de chez nous et j'avais souvent eu l'occasion de le croiser ; jamais je ne me serais doutée de son attitude à ton égard.

Ton père en avait mal dans la poitrine. Je sentais sa colère bouillir mais il ne t'en a rien montré. Il s'est contenté de te faire le serment que cela ne t'arriverait plus jamais.

Ce fardeau enfin déposé, nous avons choisi, par le biais des parents d'élèves, de réunir les diverses familles et d'expliquer ton problème. De son côté, la maîtresse, avec ton accord, a lancé une discussion sur la différence et la maladie. Tu es devenu l'orateur privilégié d'une classe suspendue à tes lèvres. Tu as pu leur en parler comme d'une expérience qui t'apportait bien plus qu'elle ne te prenait et tes mots d'enfant ont été plus efficaces que nos explications d'adultes. Le résultat a dépassé nos espérances puisque, au terme de cette mise à plat, la méchanceté a fait place à l'admiration, pour la plus grande majorité en tout cas. Certains de tes camarades sont même venus s'excuser pour ce qu'ils t'avaient dit.

Bien sûr, l'attendrissement n'étant pas le fort des enfants, il en est resté quelques-uns qui voulaient s'accrocher à leur semblant de grandeur, mais tu les as affrontés, tête haute, sans pleurs, sans peur, comme si ces marques sur ton corps étaient une force qu'ils ne comprendraient jamais. Oui, tu ne leur ressemblais pas, oui, tu étais différent. Et alors ? Alors, sans prise sur toi, ils ne pouvaient plus t'enfoncer leurs griffes. Tu ne pouvais plus être cette petite chose qui les faisait tant rire. Alors leurs mots retombaient à plat sans avoir trouvé leur cible, ces chefs de gang en culottes courtes ne ressemblaient plus à rien et s'en allaient chercher une autre faiblesse.

Ces affrontements ont évidemment laissé des traces : tu n'es pas ressorti indemne de tout cela. Mais tu savais que tu pouvais nous confier tes douleurs le soir, et ainsi construire une sorte de mur de tendresse de plus en plus haut ; je t'aidais à poser une pierre après l'autre comme je le pouvais. J'ai appris tellement de toi, de cette force insoupçonnée face aux vents contraires, de ce combat que l'innocence rend plus fragile, mais si beau. Je voyais avec espoir tes ailes s'ouvrir peu à peu et prendre le vent.

Envole-toi, mon ange. Envole-toi, et vis...

– 10 –

Ce que je voudrais revenir encore une fois à ce jour de juin 2000, lors de ce pique-nique que nous avions organisé au bord d'une rivière ! Nous étions montés tous les quatre pas très loin d'un refuge, vers le col de la Forclaz qui s'éloignait vers des versants encore enneigés. Le ciel était d'un bleu profond. Comme j'aimais cet endroit... J'y retrouvais une sensation de paix, un silence qui ne me faisait plus peur, un sentiment de bonheur. J'aurais pu marcher des heures entières au milieu de cette nature. La chaleur avait réussi à prendre la place d'un printemps qui avait été froid. Les fleurs avaient décidé de se parer de leurs plus beaux atours, telles des princesses au bal des débutantes. Les arbres avaient hissé leur ombrelle de feuilles et la douceur du vent ne faisait que les frôler, courbant les branches de son souffle léger.

Cette année n'avait pas été la plus facile pour toi. Comme prévu, tu avais subi l'exérèse de tes trois nævi aux jambes. Chaque intervention te ramenait vers ce que tu voulais fuir depuis ta naissance, cet hôpital qui semblait ne jamais vouloir relâcher sa proie. Aussi nous efforcions-nous de t'offrir de petits bonheurs quotidiens. Comme cette promenade, où nous étions à nouveau une famille presque comme toutes les autres...

Assis sur les pierres du torrent, Maxime et toi étiez absorbés par la construction d'un barrage fait de cailloux et de branchages, et ce qui se passait autour de vous vous importait peu. Nous vous regardions, ton père et moi, affairés autour de votre construction, réunissant des branches et des pierres pour bloquer le cours de ce petit torrent indomptable qui, malgré vos efforts, trouvait toujours une brèche où s'infiltrer, redevenant filet, puis brisant vos efforts par la force de son courant. Et pourtant rien ne vous arrêtait. Les pierres, les morceaux de bois venaient à nouveau s'accumuler au milieu du cours d'eau.

– Tu sais, t'a confié Maxime au bout d'un moment, ce qu'on fait là, c'est comme pour ta maladie. Les docteurs, c'est comme les pierres qu'on met en travers, ils essaient d'arrêter ton mal. Et même s'il y a toujours des choses qui marchent pas, eh bien à force d'en remettre d'autres, de recommencer, et si on le fait à plusieurs, on arrivera à le stopper. Et puis tu sais, moi je... je serai toujours là.

Il s'est alors levé, a couru chercher d'autres remparts pour cette guerre qui n'était plus seulement imaginaire. La dernière phrase, il l'avait dite plus doucement, timidement. Un peu comme un secret enfin avoué dans la pudeur d'un amour de grand frère. Il avait tellement besoin de toi, juste de toi. Et toi de lui. Mon Dieu, comme ces moments-là étaient précieux.

*
* *

Un an après... C'était en 2001, pendant les grandes vacances. Nous allions bientôt fêter tes six ans. L'été habillait les arbres de ces couleurs que j'aimais tant. Le soleil était de plus en plus haut chaque jour, il faisait chaud. Cette fin d'après-midi-là, nous avons longé les canaux, près du pont des Amours d'Annecy, pour prolonger une journée qui avait été magique – toute simple mais heureuse.

Ces dernières années, j'en étais arrivée à oublier qu'il existait d'autres personnes, d'autres choses avant toi. Nous étions tellement focalisés sur ta maladie, sur l'aide à apporter aux autres au sein de l'association ! C'était comme une déchirure qui ne voulait jamais se fermer. Beaucoup de personnes s'étaient éloignées de nous. Beaucoup d'amis s'étaient effacés par crainte de la maladie, ou peut-être les avions-nous écartés nous-mêmes, par peur des questions, ou pour ne pas déranger – chacun a ses propres soucis... Nous ne voulions pas parler de ce que tu subissais, tout le monde n'aurait pas compris et je n'avais pas envie de confier cette douleur. Aveu de faiblesse ou d'impuissance ? En fait, je ne savais pas, et je ne voulais surtout pas réfléchir à tout ça maintenant. Peut-être plus tard, quand tout irait mieux... C'était pourtant aujourd'hui que nous avions besoin de leur chaleur, de leur présence. Seuls quelques irréductibles n'avaient pas lâché prise : la famille bien sûr, qui répondait toujours présent au moindre appel, un petit groupe de parents d'élèves restés fidèles, quelques familles de l'association avec lesquelles nous avions tissé des liens, et Valérie, une amie que je connais depuis mon mariage et qui a toujours été là dans n'importe quelle circonstance. Les comptes sont vite faits, mais cela donne l'avantage de ne pas en oublier !

Nous sommes restés un long moment assis sur l'herbe, à regarder le lac se laisser bousculer par les caprices du vent. Trois cygnes avançaient majestueusement, ne laissant que quelques rides à la surface de l'eau. Nous étions venus ici des centaines de fois mais jamais ce spectacle ne nous avait paru aussi beau. Le parc de l'Impérial s'était couvert de boutons d'or et de petites marguerites qui lui donnaient un air champêtre. Puis nous sommes retournés dans le centre de la vieille ville, au milieu des rues sinueuses. Nous nous sommes promenés le long des canaux, passant sous les arcades, flânant devant les boutiques et les restaurants. Les touristes n'avaient pas encore envahi les ruelles et nous pouvions prendre tout notre temps sans être poussés par la marée humaine du mois d'août. La vie pouvait être tellement belle. Nous te regardions, avec tes yeux verts pétillants de malice sous tes cheveux roux devenus bien épais. Tu avais besoin de nous voir heureux et tu t'ingéniais à nous rendre le sourire lorsque nous laissions apparaître notre lassitude.

Tu voulais choisir une carte postale pour Maxime qui était parti chez ma mère pour une semaine en Bretagne, et qui te manquait beaucoup. Aucune ne semblait te plaire véritablement, mais tu as fini par en choisir une qui représentait le lac au soleil couchant, parce que tu te disais que cet endroit devait lui manquer.

Maxime... qui du haut de ses neuf ans avait vainement essayé de trouver sa place. Dès sa naissance, nous avions développé une relation quasi fusionnelle. Chacun s'accordait à dire que c'était un petit garçon adorable. Avant ta venue au monde, je lui consacrais la plupart de mon temps. Je le cajolais, l'emmenais en promenade, à la bibliothèque, nous faisions de la pâtisserie... Et, comme tous les enfants, il avait tenté de nombreuses expériences, dont une particulièrement mémorable : nous avions décidé, ton père et moi, de nous marier, Maxime avait un peu plus de deux ans et j'étais enceinte de toi. Je devais faire un ultime essayage de ma belle robe blanche avant le grand jour. Comme j'étais toute à la joie de ce que me renvoyait la glace, il avait échappé à ma vigilance. Sans que personne ne s'aperçoive de quoi que ce soit, il avait saisi une paire de ciseaux posée dans un coin et sans bruit, avec la douceur qui le caractérisait, il avait consciencieusement découpé deux pans à l'arrière de ma robe ! Je m'étais donc mariée avec un peu moins de tissu que prévu...

Peu de temps après, tu as fait ton apparition au milieu de nous. Et à la seconde de ta naissance, son univers s'est effondré.

Pour lui non plus, rien n'a ressemblé à ce qu'il avait imaginé. Son monde s'écroulait comme un château de cartes, avec la peur dévorante et incontrôlable d'être délaissé. Après ta naissance, nous lui avons expliqué ce que tu avais avec beaucoup de précautions, en atténuant les risques réels. Mais comme chaque enfant, il devinait les choses qu'on ne dit pas. Alors il s'est retrouvé démuni face à tout cela, sans pouvoir rien dire, et nous n'avons pas toujours imaginé son mal-être, ou plutôt nous n'y avons pas porté l'attention qu'il fallait. Il ne s'est pourtant jamais plaint. Nous l'avons juste senti s'enfermer, se murer dans un silence qui, petit à petit, nous le rendait plus lointain, sans que nous nous rendions compte de nos erreurs. À cette époque, nous étions tout entiers tournés vers tes opérations, ce risque de te perdre, et nous avons en quelque sorte oublié Maxime... Ces moments étaient toujours en moins pour lui et presque tout se décidait en fonction de toi ou en rapport avec toi. Les souvenirs de cette période me font mal et je ne peux rien faire pour revenir en arrière.

Je me rappelle surtout ces années d'école où ton grand frère prenait systématiquement la place près de la fenêtre afin de pouvoir t'apercevoir dans ta cour et nous raconter le moindre souci. Il s'était donné pour mission de te protéger et d'être ton ange gardien : il veillait à ce que tu ne restes pas au soleil, t'aidait dans tes devoirs. Personne ne pouvait te regarder avec insistance sans qu'il intervienne.

Un jour, je ne sais plus à quelle occasion, il m'a avoué qu'il aurait aimé avoir ta maladie parce que tout le monde faisait toujours attention à toi... Je lui ai simplement répondu que ces attentions-là me semblaient bien cher payées et puis nous sommes passés à autre chose, sans que je prenne garde au sens véritable de ses paroles.

Tous ces moments-là reviennent sans cesse me tourmenter, ces instants perdus, ces regards que je n'ai pas vus. J'aurais dû savoir qu'il ne se livrait pas beaucoup, il avait déjà appris depuis longtemps ce jeu des masques que les adultes font jouer inconsciemment. Ce n'était plus vraiment un enfant et pas encore un homme. Il s'est effacé, en se demandant si l'on s'en apercevrait.

Et moi, je n'ai rien vu ! Pauvre idiote que j'étais. À trop vouloir tout réussir, on finit par ne rien faire de bien, et c'est un peu ce qui s'est passé avec Maxime. Pourtant je n'aurai pas assez de chaque seconde pour lui dire à quel point je l'aime, jusqu'à frôler la déraison. Je sais que j'aurais dû le lui dire chaque jour. Pardon, mon petit amour. Je pensais que ce que je donnais était juste et puis, en fin de compte, on s'aperçoit trop tard que l'on s'est trompé. Vous êtes tous les deux plus que ma vie, la raison même de cette vie, et ma plus grande fierté.

Aujourd'hui Maxime va mieux. Il panse peu à peu ses plaies avec des mots. Cela n'a pas été simple, il nous a fallu du temps à nous aussi pour apprendre à parler. Nous avions construit une sorte de forteresse autour de notre souffrance, avec des murs tellement hauts que même lui ne pouvait y entrer, petit chevalier prisonnier de ses peurs. Tout ce gâchis pour tant d'amour. Maintenant je comprends que, par-dessus tout, Maxime était effrayé à l'idée de te perdre sans pouvoir rien y faire, sans pouvoir même se l'expliquer. Jamais il n'a vraiment osé nous poser de questions, il espérait tant de choses en silence. Il t'aime tellement, à bout de ses forces. Il est ton refuge, notre lien, et notre raison de vivre.

– 11 –

11 décembre 2001. Mon père est mort cette nuit des suites d'un cancer du poumon qui le rongeait depuis beaucoup trop longtemps. Le monde me semble vide tout à coup. J'ai si mal, pourtant rien n'a changé autour de moi. Il s'est simplement retiré sur la pointe des pieds, sans bruit, sans vouloir déranger l'ordre du monde, comme s'il ne voulait pas rajouter de souffrances inutiles aux jours présents. Cela lui ressemble tant. Il ne supportait pas cette lente déchéance qu'est la vieillesse, avec son lot de douleurs et de renoncements, et pourtant il refusait de s'en plaindre, conscient de la chance qu'il avait eue de parcourir jusqu'au bout son histoire. Il me disait souvent que ses dernières années avaient le vrai goût du bonheur. Il pouvait prendre le temps de se poser, de contempler sa vie par-dessus son épaule, et d'apaiser ses colères. Il lui suffisait pour cela de te regarder et de voir ton sourire qui agrandissait le monde.

Il aimait s'asseoir parfois sur les marches de la terrasse de sa maison après le repas du soir, écouter les bruits qui s'éveillaient à la faveur de la fin du jour, la caresse des vents dans les feuillages, le silence apaisant.

Un jour, il m'a raconté une conversation qu'il avait eue avec toi. Nous étions venus passer le week-end tous ensemble. Cela nous arrivait assez souvent. Mon père, Yves, aimait vous avoir près de lui, dans cette maison où j'avais vécu de longues années lorsque j'étais enfant.

Ce soir-là Maxime était resté à l'intérieur, regardant un film à la télévision avec ton père et moi. Toi, tu étais venu t'installer près de ton grand-père, assis sur une marche plus basse. Tu t'étais glissé entre ses bras, ton visage posé sur ses mains, le regard perdu en direction du jardin qui commençait à disparaître dans la pénombre. De longues secondes s'étaient écoulées ainsi, sans que ni toi ni lui ne brisiez ce silence-là. Au bout d'un moment, tu as attrapé ses doigts et tu les as serrés fort puis tu as laissé glisser ta main le long de ses veines qui, avec les années, ressemblaient de plus en plus à un fleuve que l'on regarde partir vers la mer. Il était déjà malade à l'époque.

– Yves, tu as peur de mourir, des fois ?

– Oh oui mon petit homme, j'ai peur... Souvent. Comme tout le monde, je crois. Mais tu sais, il arrive un moment où l'on est fatigué, et moi je suis vieux alors je suis très fatigué. Bien sûr il y a des instants que je regrette, des choses que je n'ai pas eu le temps de faire, des mots que je n'ai pas osé dire, des endroits que je n'ai jamais vus, mais c'est comme ça. On ne peut jamais tout vivre, il faut savoir profiter du temps que l'on a, qu'il soit court ou long.

– Tu sais, moi, souvent, j'ai peur de mourir et de laisser maman, papa et Maxime. Mais je peux rien leur dire, parce que ça leur ferait de la peine. Avec toi c'est pas pareil, toi tu as déjà réfléchi à mourir mais pas maman, ni papa, ni Maxime, alors je préfère rien leur dire.

Et tu t'es mis à sangloter tout doucement.

– Pleure, mon enfant, les larmes font du bien... Tu sais, je crois que tes parents et Maxime ont des craintes eux aussi, sans oser te le dire. Et pourtant, les mots sont comme les jours d'orage : ils éclairent les choses, ils sont effrayants quelquefois, mais après leur passage le ciel est plus bleu. Tu veux que je te dise un secret ? Quand j'étais enfant, moi aussi j'avais peur. Mais moi, j'avais peur de grandir ! Parce que plus je grandissais, plus mes parents vieillissaient et plus ce temps les rapprochait de la mort. Ma maman devait l'avoir compris et le soir elle avait pris l'habitude de me raconter l'histoire d'un petit garçon qui vivait au pays des peurs. Tu veux que je te la raconte ?

– Oui, j'aimerais bien.

– ... *Cela se passait dans un pays très lointain, mais je ne me souviens plus de son nom. Là-bas, tous les gens, même les grandes personnes, avaient des peurs. Et la seule façon que l'on connaissait pour s'en débarrasser était de les affronter.*

Pour cela il fallait faire un long chemin au Pays des Mots, mais il était souvent difficile de le trouver. Certains disaient que les mots ne seraient jamais que des mots et restaient avec leurs peurs. D'autres, qui avaient découvert ce pays, n'osaient pas trop en parler mais en revenaient plus heureux. On disait que là-bas on retrouvait des souvenirs perdus, mais surtout des rêves que l'on avait cachés depuis bien longtemps. Alors le petit garçon décida qu'il était temps de faire ce voyage, parce qu'il voyait le temps passer et que sa peur à lui était de grandir trop vite et par conséquent de voir ses parents vieillir.

Au début, seul sur le sentier, le silence vint lui tenir compagnie. Il dut passer dans une forêt pleine de ronces, de branchages, où il n'avait qu'un tout petit passage où se faufiler. De plus, sa peur était très lourde à porter, ce qui ne lui facilitait pas les choses pour avancer. Ensuite, peu à peu, le sentier se fit chemin, s'élargit, et devint plus clair. Il commença alors à entendre un chuchotement tout près de son oreille. C'était un petit mot qui tout doucement lui disait :

– Parle, parle-moi...

Mais le petit garçon n'osait pas, il avait encore peur de ces mots. Puis, après un long silence, il entendit d'autres paroles :

– Écoute, écoute et regarde ta peur. Tu verras que juste derrière elle se cache autre chose...

Alors le petit garçon se retourna sur sa « peur de grandir » et aperçut, cachée juste derrière, une autre peur, celle du « temps qui passe ». Pourtant, encore derrière elle, se trouvait une envie qui n'osait pas se montrer. Minuscule, fragile, avec un gros soupir. Le petit garçon ne l'avait encore jamais vue. C'était « l'envie de vivre pour protéger ses parents ».

– Regarde, lui dirent les mots, regarde... Tu verras que derrière chaque peur se cache souvent une autre réalité. Il suffit d'apprendre à en parler pour que le poids que l'on porte nous paraisse plus léger. Mais sache que même si l'on veut très fort quelque chose, seul « le temps qui nous est donné » décide en fin de compte. Il ne faut avoir ni regret,

ni peur d'avancer. La vie n'est jamais pareille pour tout le monde. Il suffit de vivre ce temps intensément en sachant que c'est toujours un privilège. Il faut aimer, donner, partager. N'aie pas peur, et crois juste en la vie, elle ne peut pas s'envoler sans te prendre un instant dans ses bras et t'emmener découvrir le monde. Alors, vis avec « le temps qui t'est donné », ne le gaspille pas et puis prends-nous avec toi. Nous t'aiderons à grandir sans peur...

– Voilà, t'avait dit ton grand-père, l'histoire que ma mère me racontait le soir. Tu sais maintenant que certaines choses ne peuvent pas changer même si on le veut de tout son cœur. Mais si tu arrives à en parler, si tu déposes tes peurs, alors le reste sera moins lourd à porter. Je suis sûr que ta maman sait déjà tes peurs, elle a juste besoin de tes mots pour en parler...

Tes larmes avaient disparu. Tu t'es simplement levé et tu es entré dans le salon faire un câlin à chacun de nous trois, en nous disant : « Je vous aime... »

Tu avais peur... mais pas vraiment pour toi. Je n'avais jamais imaginé que le temps modifierait l'ordre des choses. Je me voyais vieillir en te regardant prendre la vie entre tes bras. Je te voulais adolescent, insouciant, libre et heureux. Je t'imaginais à vingt ans, cet âge où la vieillesse est une évidence qu'on se laisse pour beaucoup plus tard. Je voulais te voir devenir un homme, faire tes propres choix, souffrir de tes propres erreurs, mais vivre, vivre, bon sang ! C'est vrai, je refusais d'imaginer qu'un jour tu pourrais ne plus être là. Je me sentais tellement coupable de tout ce que tu vivais...

– 12 –

Des mois ont passé, entraînant jour après jour des morceaux de ton enfance. Un vent froid s'engouffrait dans les rues, apportant avec lui le brouillard et son lot de pluies. L'automne arrivait.

Bientôt sept ans que nous vivions au rythme de cet autre monde, constamment rappelés à l'ordre par ce bloc de béton blanc qui anesthésiait chacun de nos projets, soumis en permanence aux résultats de tes examens. Depuis le curetage, ton nævus était toujours aussi étendu mais ressemblait à une tache plus claire qu'auparavant. Seulement, à cause des poils qui le recouvraient, tu refusais systématiquement de porter des débardeurs, même si c'était une chose dont tu rêvais. Tu devais subir des contrôles dermatologiques réguliers, afin de vérifier que ton nævus ne dégénère pas en mélanome. Nous avions donc toujours ce spectre du cancer suspendu au-dessus de nos têtes... Tu avais également beaucoup de démangeaisons qui finissaient en plaies, et tu avais même été traité pour une réaction de type eczéma.

Ce jour-là, à 14 heures, nous avions rendez-vous à Lyon, chez le Pr Azner, pour « faire le point ».

Dès que nous sommes entrés dans le bureau, mon regard s'est posé sur l'épais dossier étalé sur la table, et mon cœur s'est mis à battre à toute vitesse. Le Dr Azner était assis derrière son bureau, calme et rassurant. Il t'avait suivi ces sept années, et il te connaissait bien. Il avait toujours ce même regard bienveillant caché derrière ses lunettes, comme un paravent à ses émotions. Un sourire chaleureux est apparu sur son visage dès qu'il t'a aperçu dans l'embrasure de la porte. C'est lui qui avait insisté pour que tu sois présent aujourd'hui, ce qui était tout à fait inhabituel pour ces « entrevues bilans » où il nous communiquait tes résultats.

Il s'est levé, nous a serré la main puis tout en se rasseyant, comme à son habitude, il a retiré ses lunettes, les a essuyées minutieusement puis les a remises sur son nez en même temps qu'il ouvrait le précieux dossier. Chacun de ses gestes, chacun de ses mots prenait, à cet instant, une signification capitale. Qu'allait-il ressortir de cet entretien, pourquoi fallait-il que tu sois là, qu'avait-il de nouveau à nous annoncer ?

– Eh bien, dit-il, il ne sert à rien de vous faire attendre, n'est-ce pas, Raphaël ? J'imagine que tu as d'autres choses à faire, bien plus importantes que nos paroles trop sérieuses ? Et comme tu as raison... Voilà, j'ai bien relu tous ces dossiers que j'ai sur le bureau et je pense qu'aujourd'hui nous devons te laisser plus d'espace. Tu vas très bien maintenant. Nous allons donc moins nous voir. Non pas que je n'en aie plus envie, mais je crois que ton nævus, même s'il restera de toute façon présent, n'a plus autant besoin de se faire prendre en photo... Par contre, comme tu le sais déjà, il faudra toujours faire attention à certaines choses. Le soleil, évidemment, et puis les moindres changements que tu pourrais apercevoir sur ta peau. Je te fais confiance car tu as appris à apprivoiser ton corps et à en prendre soin. Il y aura bien sûr des contrôles réguliers, mais rien de comparable à ce que tu as dû affronter jusqu'à maintenant. Donc, mon petit Raphaël, je te mets hors de mon bureau et de nos miradors...

Comment expliquer cette journée... Tu es ressorti du bureau du médecin sur un petit nuage. Tu avais le droit de vivre ! de grandir ! Un jour tu entrerais en sixième, tu serais un « grand »... Et puis après tout, si on te parlait d'adolescence, pourquoi ne pas espérer un peu plus ?

– 13 –

Juillet 2003. Presque un an depuis cet après-midi chez le Dr Azner. Un an avec une seule, une simple visite de contrôle ! Tu avais beaucoup grandi, et ton corps fin et longiligne semblait vouloir s'étirer encore. Chaque personne de notre entourage s'amusait à faire des comparaisons : ressemblais-tu davantage à ton père ou à moi ? « Il sera grand comme son père, il en a déjà la couleur de cheveux », « Il a les expressions de sa mère »... Tu étais enthousiaste, constamment de bonne humeur, avec le regard pétillant. Tu revivais, nous respirions...

Les jours étaient longs, et la lumière se posait à la surface des champs. La chaleur anesthésiait tout, les secondes respiraient avec peine et le temps se figeait comme si l'étouffante chaleur lui avait enlevé toute envie d'avancer.

Nous avions décidé de passer le mois de juillet dans la maison que mon père nous avait léguée, à ma sœur et à moi, à Gratteloup, au pied des Alpes. Elle se situait à moins de vingt minutes de notre appartement et nous offrait pourtant un dépaysement total. Avant le divorce de mes parents, j'avais passé la plus grande partie de mon enfance dans cette bâtisse, et revenir là-bas me ramenait des années en arrière, comme si mes souvenirs étaient restés en ce lieu. Il me suffisait d'une odeur, d'un paysage pour qu'ils reviennent en pleine lumière. Je revoyais les bras de mon père, les câlins de ma mère le soir au coucher, le vieux chemin qui nous menait jusqu'au village, et tous nos jeux d'enfants... Ce n'était pas une maison comme celles que l'on voit dans les magazines, lisses, figées, glaciales. Nous avions le droit de courir, de grimper partout, et l'aventure nous attendait dans les moindres recoins.

Maman à mon tour, j'étais ravie que vous profitiez en toute liberté de la maison de mon enfance. Celle-ci ressemblait à ces vieilles demeures qui traversent le temps sans se soucier des années, c'était cela aussi qui faisait son charme. Elle était entourée d'un immense terrain planté de sapins et de tas d'autres arbres dont je n'ai jamais connu le nom.

Au soleil de l'été, rien de mauvais ne pourrait nous arriver ici. Maxime et toi avez pris possession des lieux, et vous avez bientôt passé des heures entières cachés en haut des arbres, à faire des cabanes tels des Robinson Crusoé en culottes courtes. Nous avions aussi installé une piscine gonflable devant la maison et je dois dire que même nous, les parents, nous profitions de ce bain de fraîcheur. Presque chaque jour, nous allions tous ensemble chercher le pain au village, à quelques centaines de mètres. C'était l'occasion de respirer l'air pur à pleins poumons : du nord au sud, les montagnes prolongeaient la vallée comme pour nous protéger du reste du monde. Les foins commençaient à se laisser couper, trop secs désormais pour plier langoureusement sous la caresse du vent.

Sur notre chemin, nous croisions chaque matin un crucifix de pierre qui se morfondait depuis des décennies sur son socle. Tu avais pris l'habitude de lui adresser un petit signe de la main et de lui dire « merci » en passant. Oui, tu savais bien plus que n'importe qui combien les moments de bonheur sont précieux et combien ils peuvent être courts parfois.

Tout était calme au village, il y avait peu de touristes dans le coin. Une épicerie, un bureau de tabac, un café vieillot où deux simples tables devenaient le rendez-vous des commérages et des histoires de paysans qui n'en finissaient pas de raconter leurs soucis pour la pluie ou le beau temps, la prochaine récolte, un animal malade... Tout cela semblait résister à l'appel de la ville. Le monde paraissait s'être arrêté dans ces lieux et j'aimais cette impression. J'aimais le fait qu'on nous oublie.

Ces vacances promettaient d'être magnifiques et j'en étais vraiment heureuse, surtout pour ton père qui venait de m'annoncer son licenciement – un plan de restructuration... Cette nouvelle épreuve l'avait évidemment beaucoup affecté mais, fidèle à cette force que je lui connaissais, il n'en laissait rien paraître. Quant à moi, même si cette nouvelle m'avait fait l'effet d'un coup de massue, notre situation financière ne frôlant pas les hauts sommets, je savais que nous y ferions face : depuis ta naissance, l'importance des choses avait changé.

Pour toi aussi, j'étais soulagée de ce dépaysement. Le CE1 s'était révélé difficile. Annie, ta maîtresse, avait dû nous appeler pratiquement chaque semaine à cause de douleurs au ventre qui se manifestaient à certains moments de la journée. Dans ces instants-là, tu te recroquevillais dans un coin et il ne lui restait rien d'autre à faire que de nous téléphoner pour que nous venions te chercher, puisqu'elle n'avait le droit de te donner aucun médicament. Au départ, j'avais mis cela sur le compte d'une grande fatigue, peut-être aussi de la contrariété due à des problèmes avec des copains dans la cour. Certains d'entre eux se faisaient encore un malin plaisir à te blesser à coups de mots. Mais plus le temps passait et moins tes douleurs s'estompaient. Nous étions donc allés consulter un gastro-entérologue en cours d'année. Il avait diagnostiqué un probable ulcère... Tu avais à peine sept ans et cela m'avait paru invraisemblable, mais nous n'avions obtenu aucun autre diagnostic.

Le 10 juillet, tu as commencé à vomir. Le matin, ainsi que le midi, mais jamais le soir. Au début, nous avons pensé à une indigestion. C'est vrai que ces derniers temps tu ne mangeais que du pâté, ce qui, je le conçois, n'était pas ce qu'il y avait de plus équilibré. Mais malgré nos efforts, tu n'acceptais aucun autre repas. Nous n'avons pas voulu nous alerter aussitôt : après tout, chaque enfant ressent, à un moment où un autre, de petits symptômes. Je me mentais en me rassurant ainsi, car dès que tu te sentais mal j'avais l'impression de retomber en arrière, d'être rappelée à l'ordre. Comme si nous pouvions oublier...

Et puis, le matin du 15 juillet, alors qu'assis à ton bureau tu faisais consciencieusement tes devoirs de vacances, je me suis aperçue que tu avais en permanence un œil fermé.

– Dis-moi, Raphaël, aurais-tu des problèmes aux yeux ?

– Je sais pas, je vois en double si j'ouvre les deux. Mais t'inquiète pas, maman, je fais quand même mes devoirs, même avec un seul œil...

Après le déjeuner, tu as vomi une fois de plus. Nous avons alors décidé de t'emmener directement aux urgences, et nous sommes partis tous les quatre.

Nous retrouver au milieu de ces couloirs, ces odeurs... Ces lieux nous lâcheraient-ils un jour ? Cette fois, pourtant, je me répétais que ce n'était rien, rien de sérieux. Je voulais me persuader de la banalité de cette journée. Pourquoi y aurait-il eu encore un problème ?

J'essayais de me raccrocher à ces mots, mais c'est la peur au ventre que j'avais franchi la porte coulissante, en proie à d'impossibles angoisses, à de multiples scénarios que je m'efforçais de repousser les uns après les autres. Après tout, ton nævus n'avait rien à voir avec ça, et puis nous faisions très attention à ne pas te laisser t'exposer au soleil, tu te baignais toujours en tee-shirt, tu savais de toi-même ce qu'il fallait faire et ne pas faire...

Dans la salle d'attente, un nombre impressionnant de personnes patientaient déjà, le visage fermé. De l'autre côté de la paroi transparente, on voyait se succéder sans arrêt les véhicules de pompiers. Tu étais assis contre moi, silencieux comme chacun d'entre nous.

Nous attendions depuis plus d'une heure, fixant la porte au fond de la pièce dans l'espoir que le prochain nom serait le nôtre, lorsqu'un homme d'une trentaine d'années est venu nous appeler. Il nous a fait passer dans une de ces banales salles d'examen trop blanches, trop froides, trop connues ! Nous lui avons expliqué tes derniers symptômes et lui avons bien sûr parlé de ton nævus afin qu'il ait toutes les cartes en main pour ne rien écarter, au cas où, même s'il ne pouvait pas t'ausculter sans le voir aussitôt.

L'interne nous a alors préconisé une radio du ventre. L'examen a révélé une légère constipation, rien de très grave en somme. Pas de quoi nous alarmer outre mesure. Un lavement, une ordonnance, un traitement à suivre durant cinq jours et tout redeviendrait normal.

Il devait se demander pourquoi nous n'avions pas attendu le lendemain pour voir notre pédiatre habituel : une constipation ne nécessitait pas d'encombrer les urgences ! Nous sentions qu'il était temps de laisser notre place. Pourtant je ne me sentais qu'à moitié rassurée par le diagnostic, car l'interne n'avait pas pu nous expliquer clairement tes troubles de vision : ce devait être un tic passager, ou peut-être une fatigue persistante. Peut-être...

Nous sommes donc repartis avec le sentiment que quelque chose nous échappait, que nous n'étions pas allés au bout.

Maxime était resté dans la salle d'attente. En entendant le résultat, ton grand frère a paru vraiment soulagé, comme s'il pouvait respirer à nouveau.

Nous sommes retournés à la maison de Gratteloup après avoir acheté les médicaments prescrits dans une pharmacie du coin. La chaleur était insoutenable au-dehors et nous n'avions pas la climatisation dans la voiture. Durant tout le trajet, tu es resté muet à l'arrière. Maxime te gardait contre lui. Il ne parlait pas, lui non plus, et je savais qu'il ne serait rassuré qu'à l'instant où tu reprendrais tes escapades avec lui.

Les deux jours qui ont suivi, la pluie est venue se rappeler à notre souvenir. Cela m'aurait fait du bien en temps normal, compte tenu de la canicule de ces dernières semaines, mais là c'était autre chose, comme un rideau oppressant. Le ciel était morose, et nous demeurions cloîtrés à la maison. J'avais l'impression que le temps s'était mis à notre diapason. Tes douleurs n'avaient toujours pas disparu malgré le traitement. Tu demeurais prostré dans le canapé du salon, recroquevillé sous une couverture, et rien ne changeait. Tu avais les mêmes vomissements matin et midi, d'éternels maux de tête et de ventre, et ton œil droit restait désespérément fermé. Le traitement que l'on te donnait depuis deux jours semblait inopérant. Ce n'était pas une simple constipation !

18 juillet. Tu avais passé une nuit agitée. La fièvre avait augmenté et tes cheveux roux restaient collés sur ton visage. Des cauchemars avaient à nouveau investi ton sommeil et j'avais dû rester à côté de toi. Au matin, ton état ne s'était pas amélioré. J'ai alors cherché à prendre rendez-vous avec mon ophtalmologiste, mais le sort a voulu qu'il soit en vacances. Aussi ai-je téléphoné à une autre spécialiste qui ne se trouvait pas loin de la

maison, en lui expliquant la situation. Elle m'a dit de passer vers 14 h 30 à son cabinet.

Tu n'avais pas l'air d'être angoissé par ce rendez-vous : ce n'était pas l'hôpital et ses ombres immenses et froides. Tu t'es donc laissé ausculter sans problème.

Le diagnostic final n'était pas réjouissant. Pour l'ophtalmologiste, ces troubles persistants – ton œil qui restait fermé – ne pouvaient être imputés à une simple fatigue. Manifestement inquiète, elle nous a confirmé l'inutilité du traitement contre ta prétendue « constipation ». C'était autre chose, quelque chose de bien plus sérieux. La spécialiste avait décelé un « nystagmus » très prononcé, c'est-à-dire des mouvements involontaires du globe oculaire. Elle nous a demandé de partir tout de suite pour les urgences.

– Je pense que Raphaël a besoin d'examens beaucoup plus poussés. Je ne veux pas vous faire peur inutilement, mais je tiens à écarter tout risque.

Puis elle a essayé de se mettre en contact avec le secrétariat de l'hôpital, mais en vain. Elle nous a donc remis un courrier à l'attention de l'interne de service, en me répétant de ne pas trop attendre.

Mon Dieu, rien ne s'arrêtait. Qu'allait-il encore se passer ? Je recommençais à sentir le sol se dérober sous mes pieds sans pouvoir me raccrocher à quoi que ce soit. Qu'avions-nous fait, pour que le sort s'acharne sur toi ? À cet instant, je jure que j'ai haï cette saleté de vie que je voulais tant te faire aimer.

Mais nous n'avions même pas le temps de nous poser de questions. Il fallait partir le plus vite possible. Nous avons donc retraversé la salle d'attente pleine d'enfants accompagnés de leurs mamans. Il était 15 h 10 quand nous avons repris la voiture.

La route qui nous séparait de l'hôpital nous parut interminable. Les feux rouges semblaient se mettre en travers de notre route, et la circulation était malheureusement celle d'un mois de juillet : très dense. Je m'étais mise à l'arrière avec toi, ton corps menu blotti entre mes bras. Tu avais l'air d'une petite bête affolée, craintive. Le seul fait d'avoir parlé à nouveau de l'hôpital t'avait replongé dans tout ce que tu voulais fuir.

– Maman, m'emmène pas là-bas, j'veux pas y retourner. S'il te plaît, viens, on retourne à la maison, j'suis sûr que je vais aller mieux ! Maman, me laisse pas encore là-bas...

Oh ! Seigneur, si j'osais jurer, je maudirais ce monde et le Ciel avec. Dites-moi ce qu'il faut répondre à son enfant ! Dites-moi où prendre de belles paroles apaisantes et sereines. Serait-ce un mensonge de plus ? Une autre pirouette qui te ferait encore douter des mots d'adultes ? Ou devais-je te dire que le destin s'acharnait à nous mettre à l'épreuve ? J'avais l'impression d'être vide, je ne savais plus, je ne comprenais plus. Nous n'étions à l'abri nulle part.

*
* *

La salle d'attente, comme la fois précédente, était pleine de monde. Nous nous sommes dirigés vers l'accueil afin de remettre le courrier que l'ophtalmologiste nous avait donné. L'homme qui se trouvait là affichait un air las et dépité, comme si la nature humaine le laissait quelque peu déçu. Il avait un regard que plus rien ne pouvait surprendre, même si les plaies du monde se relayaient devant son comptoir. Malheureusement pour nous, il n'était « au courant de rien » et la lettre ne parut pas l'inquiéter puisqu'il nous demanda de patienter en attendant qu'il se renseigne.

Une télévision suspendue dans un coin de la pièce diffusait un feuilleton américain. Le son était baissé mais la plupart des regards étaient rivés sur l'écran, histoire d'avoir l'esprit occupé à quelque chose, certainement... Ce serait toujours quelques instants de pris à l'angoisse. D'autres personnes semblaient plongées dans leurs réflexions pendant que certaines paraissaient fixer un point au-dehors, l'air absent.

Derrière tous ces murs, médecins et infirmières auscultaient, diagnostiquaient, rédigeaient un bilan en quelques minutes. Un rythme démentiel que jamais le flot ininterrompu de patients n'arrêtait. Au bout d'une dizaine de minutes, on nous a demandé de venir mais, hélas, nous ne pouvions pas entrer tous les quatre. Ton père et Maxime ont donc été forcés de rester dans la salle d'attente, à leur grand désespoir. J'ai senti ton corps se crisper au fur et à mesure que nous avancions tous les deux dans les couloirs, main dans la main. Tu savais trop que lorsque l'on entre dans ces lieux, personne ne peut jamais être tout à fait sûr de la suite des événements...

L'interne qui nous a reçus m'a expliqué qu'au vu du courrier de l'ophtalmologiste et des doutes que cette dernière semblait avoir, il allait falloir te faire passer des tests plus complets.

Quelques minutes plus tard, un ORL est donc venu t'examiner : rien à signaler. Cette fois, l'interne m'a annoncé, d'une voix qui n'avait rien de bon, que pour obtenir une analyse poussée de tes cellules sanguines et écarter tout diagnostic de méningite on devait pratiquer une ponction lombaire. À ce moment-là, tu t'es recroquevillé dans mes bras. Ponction lombaire... J'avais déjà entendu ces termes, je les avais déjà lus, je savais ce qu'ils signifiaient : cela devenait sérieux.

On t'a donc fait subir cet examen. Je pensais que ce serait douloureux, mais on m'a rassurée en me parlant de l'Antonox, ce gaz hilarant que l'on utilise chez les enfants pour leur éviter la peur et la souffrance.

Tout un bataillon de personnes s'activait autour de toi, et je ne maîtrisais plus grand-chose. Je sentais bien monter une tension palpable mais je n'avais toujours aucune idée réelle de ce que tu avais et personne ne pouvait rien me dire sans certitude.

Les examens qui devaient suivre la ponction prendraient certainement plusieurs heures et nous n'aurions pas les résultats tout de suite. La nuit allait être longue... Je suis retournée voir ton père et Maxime dans la salle d'attente afin de leur donner des nouvelles. Bien sûr Maxime ne voulait pas te laisser mais nous n'avions pas le choix : je devais rester à l'hôpital avec toi. Encore une fois il devait abandonner sa place pour que nous puissions nous occuper de toi, mais à cet instant je ne pouvais pas penser aux conséquences de tous ces problèmes, même si j'étais déjà consciente que le mal ne se limiterait pas à toi.

Je n'en pouvais plus de te voir souffrir. Si je regardais ces années passées, je ne voyais qu'une batterie de tests, d'opérations, quelques moments de bonheur en pointillés et notre seul amour pour t'aider à surmonter tout cela... Était-ce le seul avenir que la vie pouvait t'offrir ? Je commençais à douter de tout, et surtout de ma capacité à te protéger. Je n'étais qu'un bien maigre rempart, et j'en voulais au Ciel de ne pas te laisser en paix sur cette Terre.

On nous a installés dans une chambre pour la nuit, je me suis endormie sur le fauteuil à côté de toi. Ton père était reparti avec Maxime qu'il irait déposer le lendemain chez Chantal, une autre de mes tantes habitant également Annecy, avant de revenir.

La chambre contenait deux lits et, dans la soirée, un autre jeune garçon a poussé la porte. Il portait un sweat-shirt et un pantalon trop long pour lui, comme le voulait la mode. Il respirait la vie. Il était accompagné de ses parents et d'une infirmière. Il s'appelait Romain, et avait douze ans. Il était hospitalisé ici pour faire des tests à la suite d'infections à répétition... Trop d'enfants fréquentaient ces lieux.

Le lendemain matin, ton père est revenu. Et la journée s'est passée, identique aux autres. Tu vomissais, ne voulais rien manger et, de toute manière, tout ce que tu avalais finissait systématiquement de la même façon. Un interne et plusieurs médecins sont venus te voir mais rien de concret n'en est ressorti. Rien ne changeait ! Nous étions tous les deux, ton père et moi, impuissants à côté de ton lit, les écoutant se poser d'incompréhensibles questions. L'attente aussi est une forme de souffrance, une de plus...

Pendant ce temps, tu dessinais en silence et ne prêtais pas attention aux débats savants qui se tenaient autour de toi. En te regardant, je me rappelais cet être minuscule que l'on m'avait tendu à peine huit ans auparavant. Je venais de comprendre ce qu'aimer voulait vraiment dire, cet abandon de soi que l'on peut offrir sans que cela s'appelle sacrifice. Oui, l'amour, le vrai, avait le visage d'un enfant.

Dimanche 20 juillet. Nous n'avions toujours pas les résultats. Ton père était revenu en fin de matinée, après avoir passé la soirée puis la nuit du samedi avec Maxime et l'avoir déposé à nouveau chez ma tante Chantal. À l'étage, l'atmosphère était différente des autres jours, presque trop calme. Le week-end, le personnel n'était pas au complet et certains bureaux paraissaient fermés pour ne reprendre vie que le lundi. À croire que la maladie ne s'invite pas pendant ce laps de temps.

Vers midi, une pédiatre est entrée dans la chambre. Nous avons de nouveau parlé pour essayer de comprendre. Selon moi, ton nævus renaissait sous une forme différente, prenait un nouveau chemin, touchait une autre partie de ton corps et s'aventurait vers ton cerveau, j'en avais la certitude ! Lorsque j'en ai fait part à la pédiatre, elle m'a d'abord répondu qu'il fallait « arrêter de psychoter », « ne pas faire ce genre de raccourci ». Pourtant, au fil de notre conversation, elle a fini par convenir qu'il pouvait peut-être y avoir un lien...

En début d'après-midi, ton état était stationnaire. Nous essayions de te faire passer le temps comme nous le pouvions. Nous avions fait brancher la télévision et ton père t'avait apporté ta Game Boy ainsi que quelques jeux de société, mais le cœur n'y était pas. Cela faisait maintenant deux jours que nous étions là, et aucun changement ne se manifestait. Tu t'ennuyais. Maxime te manquait et le seul fait de l'avoir au téléphone t'attristait. Tu te faisais beaucoup de souci pour lui : dans ton esprit, tu nous avais près de toi et lui se retrouvait seul, une fois de plus, par ta faute ! Nous avions beau te dire que ton frère était avec ma tante, tu savais que rien ne remplace des parents. Cette relation entre vous deux était pourtant comme un rayon de soleil qui posait quelques traits de lumière dans ce ciel si sombre. Vous étiez un pilier l'un pour l'autre. Malgré les trois ans qui vous séparaient, vous étiez des jumeaux de cœur ! En vous regardant vivre, nous avions la sensation que votre souffle était le même, vos regards, votre force, votre sang.

*
* *

Vers 15 heures, un autre pédiatre est venu nous annoncer que tu allais être conduit au scanner. Cet examen servirait à déceler la moindre anomalie de ton cerveau. Je le redoutais autant que je l'attendais, mais j'avais besoin de savoir. Mon Dieu, que le Ciel nous aide ! Au-dehors, les lumières semblaient s'être harmonisées dans les tons de gris et le ciel était pâle.

On nous a donc dirigés vers les ascenseurs sans plus attendre. Premier étage. Médecins, infirmières, tous allaient et venaient comme par habitude. La salle où se trouvait le scanner était séparée du couloir par une cloison vitrée derrière laquelle nous pouvions apercevoir les médecins. À l'autre bout de la pièce, l'immense machine dans laquelle il allait falloir te faire passer. Tu allais être allongé, sanglé dans cet espace restreint, sans pouvoir bouger. J'avais peur que tu ne te sentes trop attaché, trop enfermé même si tu pourrais parler grâce à deux petits haut-parleurs situés à l'intérieur de l'appareil. Nous sommes restés là, regardant l'équipe médicale installée derrière ces écrans où défileraient les coupes de ton crâne.

Je restais rivée au visage du médecin. Il devait avoir environ quarante ans, des cheveux grisonnants et déjà clairsemés, et quelques rides barraient son front. Penché derrière le pupitre, il avait appuyé sur le bouton afin de te faire avancer vers l'intérieur de l'appareil. Le bruit était si insupportable que j'ai cru que tu allais paniquer, mais tu es resté calme. Tout allait bien... Jusqu'à ce que le visage du médecin change et qu'il porte sa main à son menton avec un air soucieux. Alors j'ai su, tout comme lui, j'ai su que c'était grave... Les minutes s'étaient immobilisées. J'ai tourné la tête vers ton père et je l'ai vu blêmir en une fraction de seconde : lui aussi avait compris... Nous nous sommes regardés longuement, incapables de parler.

Le médecin est alors sorti et nous a entraînés dans le couloir. Il a marqué un temps d'hésitation avant de se lancer :

– L'infirmière va raccompagner votre fils dans sa chambre. Je suis désolé de vous l'annoncer si froidement mais... les différents clichés du scanner viennent de nous révéler une masse au niveau de la nuque de Raphaël que nous n'expliquons pas pour l'instant. De plus il y a une grosse hydrocéphalie, ce qui veut dire que le liquide céphalo-rachidien, qui est produit à l'intérieur du cerveau et circule en principe normalement, est certainement bloqué en un point quelconque. Le liquide ne peut donc se résorber dans le sang. Il s'accumule alors dans le cerveau, ce qui entraîne une compression des tissus. Nous allons devoir transférer Raphaël aujourd'hui même au CHU de Grenoble, dans le service de réanimation pédiatrique du Pr Stener. Ce médecin va l'opérer en urgence pour libérer la compression du liquide céphalo-rachidien, et seulement ensuite nous pourrons nous occuper du reste. Il est impératif de ne pas tarder...

À quoi me servait d'entendre la suite ? Masse au niveau de la nuque, hydrocéphalie... Hurler, j'aurais voulu hurler, crier, déverser ma vie dans la tienne, t'offrir mon souffle ! Je me suis mise à trembler sans pouvoir me contrôler, et ton père m'a serrée dans ses bras. Pourquoi une chose pareille nous arrivait-elle ? N'avions-nous pas payé suffisamment cher cette part de ta vie, ce petit bout de vie ?

Comment expliquer ce que nous avons ressenti à cet instant ? Un vide, un immense vide. Ce chemin de croix n'avait pas de fin, et que cette croix nous paraissait lourde à porter... Que fallait-il encore au Ciel pour qu'Il nous laisse enfin vivre ? Nous voir marcher à genoux, plier sous la douleur ? Ou bien voulait-Il tout simplement ta vie ? Ne s'arrêterait-Il que le jour où Il nous aurait tout pris ?

– ... Nous allons l'envoyer sur Grenoble par hélicoptère. Toute l'équipe médicale de là-bas sera prévenue. Vous pourrez le retrouver directement sur place.

À nouveau se refaire un visage. Ne rien laisser paraître et te mentir... C'est tout ce qu'il nous restait pour te protéger. Il ne fallait pas que tu puisses savoir, pas maintenant. Tu devais garder l'espoir pour pouvoir te battre.

Nous sommes remontés dans la chambre au milieu d'un brouillard épais. Traverser les couloirs, appuyer sur le bouton de l'ascenseur, les gestes s'enchaînaient comme dans un monde parallèle. Lorsque nous sommes entrés, ma tante Chantal était là avec Maxime qui était venu te rendre une petite visite surprise. Mais ton état n'était pas fait pour le rassurer... Nous sommes ressorties toutes les deux pour parler pendant que ton père restait dans la chambre avec Maxime et toi. Nous nous sommes dirigées vers le fond du couloir, près d'une fenêtre où deux fauteuils roulants avaient été oubliés. Dans ce corridor, je me suis effondrée entre ses bras, lui expliquant entre deux sanglots ce que l'on venait de nous annoncer. Je sentais au fond de moi que j'allais vraiment flancher et je me suis cramponnée au rebord de la fenêtre. J'ai fermé les yeux en me détournant. Il ne fallait pas que je me laisse submerger par cette douleur. La chaleur était moite, je n'en pouvais plus de cette plaie ouverte.

Les parents de ton petit voisin de chambre, Romain, qui s'étaient aperçus de mon désarroi, sont alors sortis pour essayer de me réconforter. Mais que dire ? Personne ne pouvait changer l'ordre des choses !

Et puis d'autres peurs se profilaient : l'hôpital de Grenoble serait-il le meilleur ? Qui seraient les médecins ? Seraient-ils compétents, auraient-ils l'expérience requise ? Devait-on accepter Grenoble, ou choisir Paris ? Ton père, qui m'avait rejointe à son tour, a alors essayé de téléphoner à un ami chirurgien sur Paris, dont la femme était neuro-pédiatre, mais personne ne répondait chez eux. Ils devaient être sortis et nous n'avions plus le temps d'attendre : le médecin était venu nous prévenir qu'il nous fallait absolument partir maintenant. Tu frôlais le coma et devais être opéré sans tarder, dès ton arrivée sur Grenoble, pour poser cette « dérivation » qui permettrait la décompression du cerveau.

– 14 –

Des heures qui ont suivi, je garde le souvenir d'un tourbillon qui tournait à toute vitesse. L'hélicoptère qui était censé te transférer à Grenoble était indisponible pour cause de forte affluence médicale en cette période estivale. Il a donc fallu faire intervenir le Samu et te faire partir par la route. De notre côté, nous devions nous occuper de l'hébergement de Maxime pour les jours à venir. Ma mère, que j'avais appelée à Paris, nous a proposé de venir dès le lendemain afin de prendre le relais de ma tante auprès de Maxime et de le ramener chez elle quelque temps. Comme cette situation devait être pénible à ton grand frère ! Il se trouvait toujours au second plan, tourmenté et anxieux. Il devinait sûrement la gravité de ton état mais ne voulait pas nous causer de soucis supplémentaires, à nouveau il s'effaçait...

De plus, à cette époque, j'étais toujours assistante maternelle. Mais, vu la situation, j'avais dû mettre au courant les parents des deux enfants que je gardais. Malgré les difficultés auxquelles ils devaient faire face eux-mêmes, ceux-ci avaient très bien compris et tâchaient même de me soutenir. Les problèmes s'additionnaient les uns aux autres et je ne saurais pas dire comment nous sommes arrivés à tout organiser. Mais nous étions deux pour faire face et c'était cela, notre force.

Le transfert par la route prendrait plus de temps, ce qui retardait d'autant l'opération. Nous allions devoir te suivre avec notre propre voiture, l'ambulance n'ayant pas assez de place pour nous trois. On m'a tout de même autorisée à t'accompagner jusqu'au parking. Mais avant, il a fallu te perfuser, te mettre sous surveillance respiratoire, et t'allonger dans un matelas coquille pour éviter le moindre mouvement durant le transport. J'ai essayé tant bien que mal de te rassurer, de sourire. Tu paraissais tellement fragile, avec ta silhouette frêle au milieu de ces immenses couloirs. Tu tenais ton lapin bleu serré sur ton cœur comme un dernier refuge. C'était une petite peluche que tu avais depuis les premiers jours. Elle commençait à être un peu râpée et j'avais déjà dû recoudre une de ses oreilles, mais qu'importait...

Le brancard a donc suivi les couloirs en direction de l'ascenseur. Les portes se sont ouvertes, direction le rez-de-chaussée où l'ambulance était prête à partir. Ton regard ne vacillait pas, tu voulais être fort, ne pas pleurer. Petit homme de huit ans, tu m'as tant appris de ce qu'est le courage.

L'ambulance t'attendait dans le sas réservé aux urgences. Le médecin du Samu s'appelait Patrick, c'était un homme extraordinaire. Pour te faire sourire et exorciser ta peur, la sirène de l'ambulance et les feux rouges sont devenus les prétextes d'un jeu imaginaire entre vous. Patrick a été l'un de ces magiciens en blouse blanche qui ont su te faire oublier ton angoisse.

Nous avons bien essayé de te suivre, mais la circulation était trop dense et il a fallu se résoudre à regarder le gyrophare s'éloigner. Nous ne pouvions que voir les voitures s'écarter devant l'ambulance pour venir se coller derrière elle comme un ballet qui se mettait en place au rythme de la sirène.

Le trajet jusqu'à Grenoble s'est passé en silence. Nous avons roulé ainsi durant une heure, suivant le bitume qui nous dirigeait irrémédiablement vers cet hôpital. Si nous avions continué après Grenoble, nous aurions fait partie des vacanciers qui empruntaient cet axe, direction le Sud et le soleil. Mais notre route à nous s'arrêtait bien avant la grande bleue...

À 19 h 30, nous avons enfin franchi la barrière du CHU et nous nous sommes garés à la première place vacante. Le bureau des admissions était fermé. Nous avons donc erré dans un dédale de couloirs, la salle de réanimation pédiatrique était introuvable et personne en vue pour nous indiquer le chemin. Un médecin a alors traversé le couloir. Je l'ai hélé :

– S'il vous plaît ! Excusez-moi, mon fils a dû être admis en réanimation pédiatrique, mais nous ne savons pas où cela se trouve...

– Vous n'êtes pas au bon étage. Retournez en arrière et prenez l'ascenseur. C'est au deuxième, à droite en sortant.

Nous sommes donc revenus sur nos pas. Quand les portes de l'ascenseur se sont ouvertes, un infirmier se trouvait là avec un enfant d'une dizaine d'années dans un fauteuil roulant. Une partie de sa tête était recouverte d'un bandeau, il n'avait plus de cheveux. Ils sont descendus au même étage que nous. Nous faisions partie du même univers maintenant... La panique montait au fur et à mesure que j'avançais dans ces couloirs, pourtant mes jambes me portaient encore, remplissant leur fonction malgré tout. La simple évocation du nom du service, « réanimation pédiatrique », me rappelait sans cesse la fragilité de nos vies. J'avais souvent parcouru les hôpitaux mais, là, nous touchions un autre stade de la maladie : nous avions atteint la zone rouge.

Enfin, nous sommes arrivés devant la porte que nous cherchions, surmontée d'un panneau marqué « Défense de fumer ». En la poussant, j'ignorais ce qu'il nous faudrait affronter au-delà mais je me sentais vraiment inquiète.

Et nous sommes entrés dans un monde totalement à part. Il y avait là plusieurs pièces, toutes vitrées ; dans chacune d'elles se trouvait un enfant relié à un nombre impressionnant de machines. Enfin, il y avait des parents, des mères qui tenaient la main de leurs petits, le regard effrayé. Étrangement, il régnait une atmosphère douce, presque chaleureuse, que je n'arrivais pas à m'expliquer en voyant ces enfants allongés.

Une infirmière est venue à notre rencontre et nous a indiqué les règles à respecter. Avant de te rejoindre dans une de ces chambres, il fallait nous laver méthodiquement les mains ainsi que les avant-bras avec un désinfectant spécial, et passer un sarrau stérile. Comme nous étions étranges, habillés comme cela ! On aurait pu se croire à un bizutage de première année de médecine.

Mais nous n'étions plus des étudiants, encore moins des médecins, nous n'étions que des parents angoissés. Je me sentais maladroite et anxieuse. Mon cœur battait à tout rompre.

Et là, je t'ai vu. Perdu au milieu d'un grand lit, relié à des tas de machines destinées à surveiller tes fonctions vitales. Quelle mauvaise fée s'était penchée sur toi pour que tu te retrouves là... Tu étais très pâle mais je ne voyais que ton léger sourire.

– J'avais peur que vous puissiez pas venir...

Je t'ai pris la main et je l'ai serrée longuement contre moi. Tu es venu te lover tant bien que mal au plus près de mon cœur, et tu as enfoui ton visage contre ma poitrine pour retrouver mon odeur, comme tu le faisais depuis toujours. J'avais pris l'habitude de t'endormir ainsi le soir depuis les premiers jours de ton retour à la maison. J'en avais besoin, comme si ces neuf mois que tu avais passés en moi ne m'avaient pas suffi. J'avais un manque de toi, un besoin de toi, comme un lien que je ne voulais pas rompre. Certains diront que ce n'est pas une bonne chose mais l'amour est ainsi, sans raison.

Puis il a fallu te laisser à nouveau. L'infirmière est venue nous prévenir que le docteur souhaitait nous voir.

– Ne t'inquiète pas, nous revenons tout de suite après. Je suis sûre que ce ne sera pas long...

Le moment était venu d'affronter les réalités en face, sans reculer. Nous sommes donc ressortis de la pièce et l'on nous a dirigés vers un bureau au bout du couloir.

– Bonjour, je suis le professeur Stener. Je dirige le service de pédiatrie. Asseyez-vous, je vous en prie.

C'était un homme d'une cinquantaine d'années, brun, au regard doux.

– Bonjour, docteur.

– Je suis désolé d'avoir écourté vos retrouvailles avec votre fils, mais, comme vous devez vous en douter, je dois vous parler de ce qui va se passer dans les prochains jours. Je pense que vous avez bien compris qu'il s'agit de quelque chose d'assez grave... Nous n'allons pas opérer tout de suite l'hydrocéphalie. Il nous faut en effet d'abord attendre les résultats de l'IRM, qui aura lieu demain, pour savoir exactement ce qu'a Raphaël. Cet examen nous fournira des images plus précises que le scanner de la zone touchée. Nous avons besoin de localiser exactement cette zone pour intervenir avec le maximum de chances de notre côté. En attendant, nous devrons maintenir une surveillance constante en réveillant votre fils toutes les heures pour vérifier qu'il ne sombre pas dans le coma durant la nuit. Si tel était le cas, nous serions dans l'obligation de l'emmener d'urgence en salle d'opération. Mais je ne vous cache pas que l'urgence n'est pas le meilleur cas de figure...

Nous sommes ressortis du bureau complètement désemparés, vidés. Je sentais l'intérieur de mon corps tressaillir, prêt à flancher. Il a fallu que je m'accroche à ton père quelques secondes, le temps de reprendre pied.

De retour dans ta chambre, nous avons dû t'expliquer ce qui se passait sans non plus t'en dire toute la gravité. Ton regard a alors changé, j'ai vu la peur t'envahir, tes défenses tomber. Et nous ne pouvions même pas te rassurer. C'était vraiment une sensation affreuse.

Ce soir-là, nous avons été autorisés à rester près de toi jusqu'à ce que tu t'endormes. En te regardant, je repensais encore à ce petit bout de vie que l'on m'avait tendu huit ans auparavant. J'avais cru alors que je pourrais te protéger de tout, mais cette illusion s'était effilochée au fil des années.

Vers 23 h 30, tu t'es enfin endormi. Nous devions partir et j'avais beaucoup de mal à me dire que tu allais passer cette nuit loin de nous. Et si tu te réveillais sans nous voir ? Si tu ne te sentais pas bien, si tu avais peur ? Autant de questions qui m'angoissaient. J'étais restée près de toi pendant toutes ces années, à te regarder grandir comme tu le pouvais. J'avais eu du mal à te laisser affronter seul l'école, le monde extérieur, les jeux de ton âge, même si j'étais tout à fait consciente que je ne pouvais pas prendre les coups à ta place. Pourtant, j'avais le privilège de vivre des moments uniques que je n'aurais peut-être pas pris la peine d'apprécier à leur juste valeur autrement. Cette maladie nous avait encore rapprochés l'un de l'autre. Aussi, devoir partir revenait à me dépouiller. Je me sentais nue, à vif, sans protection.

Nous avons donc rejoint la voiture sur le parking de l'hôpital. Dehors la nuit avait repris ses droits, recouvrant l'espace de ses couleurs sombres. Nous n'avons pas échangé une seule parole pendant l'heure que durait le trajet jusqu'à la maison, nous ne le pouvions pas. Chacun restait perdu dans ses propres douleurs, essayant d'encaisser le choc. À notre arrivée, les pièces étaient noyées dans le noir : ce soir-là Maxime était allé dormir chez ma tante, il repartirait le surlendemain chez ma mère. Quand nous avons poussé la porte, aucun cri, aucun bruit, juste le silence pour nous accueillir et nous faire ressentir davantage encore votre absence. Au milieu de la pièce, la pile de linge à repasser dans la corbeille, que j'avais laissée là quelques heures plus tôt... De nouveau nous n'avons pas trouvé la force de parler, chacun s'est isolé dans son coin pour pleurer.

Je me suis enfermée dans ta chambre et je me suis allongée sur ton lit. J'ai plongé mon visage dans tes draps jusqu'à m'étouffer, pour ne pas que ton père entende les cris qui montaient à mes lèvres. Au bout de quelques minutes, je me suis relevée et j'ai repensé à ces dernières années en feuilletant les albums photos qui se trouvaient dans un placard. Tous ces moments de bonheur fixés sur de simples feuilles cartonnées. À chaque page tournée, je voyais s'en aller le temps, notre famille changer et ces instants figés disparaître. Huit ans, c'était si peu... Nous n'avions pas encore assez profité de la vie ! Je voulais encore saisir ton sourire, rater des photos parce que tu ne tiendrais pas en place, prendre les clichés avec insouciance, sans avoir la peur collée à la peau ! Quant à ton père, il m'a raconté plus tard que, ce soir-là, il s'était installé sur le sofa, à se remémorer les heures qui avaient précédé ta naissance, étouffant sa douleur au creux d'un coussin lui aussi. Nous étions tous les deux une seule et même plaie à vif, essayant de retenir cette marée de douleur qui nous faisait chavirer.

La nuit me parut longue. Ton père était resté allongé sur le canapé, n'arrivant pas plus à dormir que moi. Quand l'horloge a marqué 4 heures du matin, j'ai pris le téléphone et formé le numéro du CHU. Je suis parvenue à obtenir le service de réanimation, et l'infirmière de garde.

– Bonjour, je suis la maman de Raphaël. Nous l'avons laissé vers 23 h 30 et j'aimerais avoir de ses nouvelles. Comment va-t-il, s'il vous plaît ?

– Bonjour madame. Je viens à l'instant de finir ma tournée, je l'ai donc vu il y a quelques minutes. Soyez rassurée, Raphaël dort et la nuit s'est bien passée depuis votre départ.

– Merci beaucoup. S'il vous plaît, puis-je vous demander autre chose... Pourriez-vous lui transmettre un mot de notre part s'il se réveille avant notre arrivée ?

– Bien sûr, il n'y a aucun problème.

– Dites-lui simplement que nous l'aimons fort...

Lundi 21 juillet. L'autoroute, les embouteillages, les péages, tout ce qui deviendrait notre quotidien dans les semaines à venir était déjà là, jusqu'à cette bretelle de sortie que nous avons failli rater.

Vers 9 heures, nous avons atteint le CHU. Nous nous sommes dirigés tout de suite vers le service de réanimation pédiatrique. Les stores de ta chambre étaient baissés. Nous nous sommes approchés de ton lit avec appréhension. Tu étais tellement pâle ! Tu ne t'es pas réveillé à notre arrivée, ton état n'était pas très encourageant : « semi-comateux », nous avait-on dit...

Un peu plus tard, on t'a emmené passer l'IRM comme prévu. Tu étais allongé sur le brancard mais ton petit corps ne bougeait pas, aucun son ne sortait de ta bouche. Tu n'as même pas réagi lorsqu'on t'a soulevé afin de te positionner pour l'examen. Tu restais là, inerte, inconscient, déjà loin de nous. Les infirmières essayaient gentiment de nous rassurer.

L'examen a duré une trentaine de minutes. L'IRM ressemblait un peu au scanner que tu avais déjà passé, sauf qu'aujourd'hui j'avais le droit de rester près de toi. J'ai caressé tes pieds, inlassablement. Tu adorais cela en temps normal mais je doute que tu te sois rendu compte de quoi que ce soit à ce moment. Pendant toute cette demi-heure, j'ai prié, supplié le Ciel, sans cesser de te masser doucement les pieds.

Le reste de la journée n'a été qu'une longue attente. Le résultat de l'examen ne serait connu que dans l'après-midi. J'essayais de chasser les peurs qui me venaient à l'esprit, pourtant, quand une infirmière est venue nous prévenir que nous devions nous rendre dans le bureau des médecins, mon cœur s'est mis à chanceler.

Nous avons été conduits à l'étage supérieur. L'atmosphère ici était différente, plus feutrée, comme si l'on voulait atténuer ainsi les mots qui y étaient prononcés. Moquette, tableaux, sièges moelleux... Dans le bureau se trouvaient plusieurs personnes : le Pr Stener, que nous avions vu la veille, et d'autres médecins que l'on nous présenta, dont celui qui serait chargé de l'intervention, le Pr Deluc.

Mon Dieu, comme il paraissait jeune ! Il n'était pas très grand, ses cheveux et ses yeux étaient bruns. Sa blouse blanche semblait n'avoir jamais été portée... Tout à coup, j'ai eu peur. Comment pourrait-il être compétent pour évaluer la gravité de l'intervention, pour t'opérer ? J'avais l'impression qu'en te laissant partir avec lui, j'allais jouer à la roulette russe avec ta vie, et en même temps je trouvais terrible de pouvoir penser comme cela. En fait, je n'arrivais plus à réfléchir normalement.

– Je sais, dit-il en se levant et en nous tendant la main, je dois vous paraître trop jeune, c'est ce que l'on me dit souvent. Mais comme beaucoup de gens, vous devez vous tromper d'une dizaine d'années. Ne vous inquiétez pas, c'est une réaction que je connais...

Nous nous sommes assis sur les deux fauteuils libres autour de la table, avec certainement ce même regard qu'ont tous les parents dans cette situation-là.

Et la lente descente aux enfers a commencé.

Le Pr Stener a pris la parole :

– Voilà, nous venons d'avoir les résultats de l'IRM. Malheureusement, je dois vous annoncer que Raphaël a une tumeur d'un peu plus de quatre centimètres qui bloque le passage du liquide céphalo-rachidien. Nous ignorons encore si elle est cancéreuse ou non... Elle peut être bénigne mais, pour le savoir, il faudra l'enlever et en faire pratiquer l'analyse au laboratoire afin de déceler d'éventuelles modifications de cellules. Tout ce dont nous sommes sûrs actuellement, c'est que cette tumeur se trouve sur le tronc cérébral et doit être opérée de toute urgence. Toutefois, nous ne savons pas encore si elle est juste posée dessus ou si elle est vraiment ancrée. Notre problème est qu'il ne faut absolument pas toucher le tronc cérébral car nous pourrions causer des dégâts irréversibles. Quant à l'hydrocéphalie, elle se résorbera à partir du moment où nous interviendrons sur la tumeur.

J'étais assommée, je ne l'entendais plus qu'au travers d'un brouillard épais. Pourtant, je me suis entendue lui bredouiller :

– Excusez-moi, vous... Vous venez de nous dire que Raphaël a une tumeur ?

– Oui. Mais vous devez absolument garder à l'esprit qu'elle peut ne pas être cancéreuse. Seule l'analyse du laboratoire nous donnera une réponse.

Les différentes personnes présentes autour de la table ont alors pris la parole tour à tour, nous expliquant l'opération. Celle-ci durerait environ vingt heures et serait assurée par deux neurochirurgiens et toute une équipe. À la suite de cette intervention, nous pourrions refaire un point.

Enfin, le Pr Stener a ajouté :

– Je dois toutefois vous préciser que cette intervention n'est pas sans conséquences. L'enlèvement de la tumeur dans la zone concernée va peut-être laisser des séquelles car le tronc cérébral commande toutes les fonctions mécaniques, la vue, l'ouïe, la déglutition, la marche, etc. Raphaël ne pourra peut-être plus parler, ni déglutir, ni même se mouvoir seul. Il est également possible qu'il devienne aveugle. Je sais que ces mots sont insupportables mais vous devez être conscients des risques. Nous sommes obligés d'intervenir, car la tumeur pourrait se répandre plus loin encore. Cependant, si elle est trop ancrée sur le tronc, les séquelles pourraient être encore plus importantes et, à ce moment-là, nous n'y toucherions pas du tout. Il faudrait alors refermer sans avoir rien fait...

Le monde s'effondrait une fois encore sous nos pieds. Je n'écoutais plus, à quoi bon ? On nous achevait seconde après seconde. Plus loin, mais que pouvait-il y avoir de plus, que te resterait-il après ça ? La conscience de ce semblant de vie ? Le fait d'être en vie ? Mais quelle vie ? Doucement, inexorablement, tel un vautour affamé, la maladie dévorait le peu qui nous restait. Ce charognard noir et repoussant tournoyait au-dessus de nous, se demandant ce qu'il allait encore nous prendre. Avions-nous le choix ? Non ! Non, nous n'avions aucun choix. Nous étions condamnés à avancer consciencieusement vers le précipice.

Je me suis alors souvenue d'un soir d'orage lorsque j'étais enfant, chez mes grands-parents. Ils avaient un chalet dans la station de La Clusaz où nous allions très souvent le week-end avec mes parents. Quand l'orage menaçait au milieu de ces montagnes, il valait mieux se trouver à l'intérieur de la maison. Pourtant j'aimais voir le spectacle de la puissance de cette nature éclairant le monde d'un jour nouveau. Je m'étais mise à la fenêtre et j'avais vu venir au loin les nuages noirs poussés par le vent ; ils semblaient se diriger uniquement sur nous, s'amoncelant au-dessus de nos têtes, bouchant l'horizon d'une couleur sombre et froide. Les éclairs se rapprochaient toujours plus vite et le vent toujours plus violent fouettait les branches des arbres sur son passage. Puis, en un instant, des trombes d'eau s'étaient déversées sur nous, au moment même où un éclair s'abattait juste devant la maison. Et là, plus rien... Pendant quelques secondes, j'avais réellement cru que le cours de la vie s'était arrêté. La même sensation me revenait dans cet hôpital, l'impression que le ciel s'écartait devant les dieux en colère, comme si le monde devait découvrir le véritable visage d'une terre en furie.

Dans un demi-souffle, j'ai demandé au professeur :

– Est-ce qu'il s'en sortira ?

– Il est trop tôt pour vous le dire. Mais il est jeune et c'est peut-être sa plus grande chance, dans un sens.

C'est vrai... Tu n'avais pas encore huit ans.

L'opération devait se dérouler le lendemain à 8 heures précises. Nous avons rejoint ta chambre sans un mot, traversant les couloirs comme deux fantômes errants. Je ne pouvais pas regarder ton père, nous nous serions effondrés aussitôt. Il ne fallait pas, pas maintenant. Je mettais un pied devant l'autre, machinalement, sans pouvoir réfléchir à la suite. Je me retrouvais telle la femme de Loth qui doit quitter Sodome : je ne pouvais pas me retourner sur tout ce qui avait été notre vie, sous peine de me retrouver pétrifiée en statue de sel. Avancer, ne pas regarder en arrière.

En arrivant dans ta chambre, je me suis assise près de ton lit, serrant ton doudou, et je me suis mise à pleurer. Tu étais toujours semi-comateux.

Seigneur, qu'avais-je fait ? Étais-je si coupable, pour que tu mérites cela ? Étais-je une si mauvaise mère, pour que tu aies à payer le prix de ma dette ? C'était insupportable.

En fin d'après-midi, tu es enfin sorti de ta torpeur. Tu semblais être déjà hors de ce monde, malgré tout nous sommes quand même arrivés à parler quelques minutes avec toi dans la soirée.

Vers minuit, lorsque tu t'es endormi, nous sommes repartis en direction de la maison de Gratteloup, plus proche de l'hôpital que notre appartement. Au volant, ton père était blême. Quant à moi, je réentendais en boucle les mots de ce matin. Ils venaient marteler mes tempes, comme une lame de fond d'une violence inouïe.

Dès que nous sommes arrivés, ton père s'est isolé dans le jardin. Je l'ai entendu hurler comme une bête que l'on achève. Mon Dieu, aidez-le, moi je ne pourrai pas le faire. Je me sentais aussi désarmée que lui et je ne voulais pas affronter ce regard, cette douleur que je savais pareille à la mienne. Il m'a raconté plus tard que, ce soir-là, il avait tapé comme une brute sur les deux chênes centenaires qui trônaient dans le jardin, le narguant de leur force et de leur vieillesse ; tout ce que tu n'aurais peut-être jamais, et les apercevoir droits, fiers et vigoureux face à lui était quelque chose qu'il ne pouvait supporter. Il avait imploré chaque personne défunte de sa famille d'intercéder auprès de Dieu. De mon côté, j'ai erré dans la maison pendant des heures, rangeant mécaniquement des affaires qui traînaient ici et là. Deux tasses à café attendaient encore sur la table basse. J'ai ramassé le courrier oublié sur le buffet depuis des jours, puis je suis passée dans la chambre des enfants avec l'espoir dérisoire que tout ceci ne serait qu'un mauvais rêve...

– 15 –

Mardi 22 juillet, 8 heures. Le brancard se frayait un passage vers la salle d'opération, dans un bruit trop familier. Tu étais allongé sous ce drap tout blanc, ta petite main serrant la mienne. L'arrière de ton crâne avait été rasé juste à l'endroit où on allait t'ouvrir. J'avais gardé jusqu'à présent l'impression de pouvoir tenir la maladie à distance, l'impression que ce n'était que des mots, que des peurs. Mais en te voyant là, j'ai compris que nous avions perdu l'avantage dans cette partie.

– Maman, me laisse pas, s'il te plaît, me laisse pas. Je te promets que ça ira mieux. Maman, c'est pas grave si j'vois pas bien, j'ai peur... Maman, aide-moi, s'il te plaît, ramène-moi à la maison... J'ai peur...

Et tu t'es mis à pleurer. Je n'ai pu que te promettre que ce ne serait rien, qu'il fallait le faire mais que ça n'allait pas durer longtemps et puis qu'après tout irait mieux. Tout irait mieux...

– Maman, j'm'en fiche, laisse-moi mourir, mais j'veux pas y aller !

Je me suis penchée sur toi pour t'embrasser et je me suis mise à pleurer à mon tour.

– Je t'aime, je t'aime tant, mon petit amour. Si tu savais comme je suis fière de toi.

Ton père s'est alors approché du Pr Stener qui se tenait à l'entrée du bloc opératoire.

– Je vous en supplie, faites un pacte avec qui vous voulez, avec le diable s'il le faut, mais sauvez-le. Sauvez Raphaël, je vous en prie...

Les portes se sont refermées sur tes cris. Encore aujourd'hui, j'entends ta voix nous hurler de ne pas te laisser. C'est comme une torture de chaque jour qui vient me rappeler que je n'ai rien tenté pour que tu t'échappes de cet enfer. J'aurais dû te prendre, partir en courant et te faire oublier toutes ces douleurs en te faisant découvrir les vrais matins d'orage où l'odeur de la pluie n'a pas le goût des larmes. Une maman devrait pouvoir faire ça !

À cet instant seulement, ton père et moi nous nous sommes effondrés dans les bras l'un de l'autre. Nous savions que jamais plus tu ne serais pareil après cela. Comme j'ai haï l'existence durant ces heures, et comme en même temps je m'accrochais à ta vie !

Il a fallu que nous retournions à l'appartement d'Annecy pendant la durée de ton opération. Ton frère devait partir quelques jours en Bretagne avec ma mère. Je préférais qu'il profite de sa grand-mère plutôt que de se retrouver là, au milieu de nos angoisses, mais nous voulions passer un peu de temps avec lui avant son départ. Maxime semblait à nouveau perdu devant nos silences ; il n'osait pas poser de questions, ni même nous parler de ses propres angoisses. Encore une fois, il souffrait sans rien dire. Pourtant, dans sa petite tête, tant de choses foisonnaient ! Il avait mûri si vite, et nous étions contraints de passer à côté de moments qui ne se rattrapent plus jamais.

Sur la route du retour à la maison, la circulation était dense. J'avais ouvert ma vitre à cause de la chaleur qui, malgré l'heure matinale, commençait à monter. Je voulais avoir la sensation de la tiédeur de l'air. Dans une heure peut-être, nous serions chez nous. Maxime nous y attendrait avec ma mère.

Quand nous sommes entrés dans l'ascenseur du bâtiment, j'ai évité de regarder mon visage dans la glace, sachant par avance que cette image ne serait pas très belle à voir ; mais il me faudrait à nouveau composer un personnage afin d'épargner à Maxime un fardeau de plus à prendre dans ses bagages.

– Maman, papa ! a-t-il crié dès que nous avons ouvert la porte.

Il devait guetter le bruit des clés, et s'est précipité sur nous à peine la poignée tournée. Ma mère était là avec lui, nous attendant elle aussi avec angoisse. Mais nous n'avions pas encore de nouvelles à leur donner, il était beaucoup trop tôt.

Quelques minutes plus tard, je me suis retrouvée dans votre chambre, préparant les bagages pour le départ de Maxime. Tout en empilant pulls, tee-shirts et pantalons, je revoyais le chemin parcouru depuis que je vous avais donné la vie. Comment, en si peu de temps, pouvait-elle nous reprendre le cadeau qu'elle nous avait fait ? Au milieu de tout ce chaos, Maxime avait besoin lui aussi qu'on le protège.

Pendant que je terminais sa valise, il est entré dans la chambre et s'est assis à côté de moi. Je sentais qu'il avait besoin de parler. Je l'ai pris contre moi, repoussant les affaires qui se trouvaient sur son lit, et j'ai attendu.

– Maman, a-t-il demandé les yeux baissés, dis-moi sans mentir, est-ce que Raphaël va mourir ?

Nous n'avions pourtant jamais prononcé le mot de tumeur devant lui, encore moins parlé de la mort. Cela aurait été reconnaître notre défaite avant d'avoir affronté ces épreuves, et ça, c'était hors de question.

– Je ne sais pas, Maxime, j'espère de tout mon cœur que non. Les médecins font tout ce qu'ils peuvent pour lui et ils sont formidables, mais je n'ai pas plus de réponses que toi pour l'instant. Nous devons encore attendre. Tu lui manques, tu sais. Mais souviens-toi que quoi qu'il se passe, il t'aime et que nous aussi, nous t'aimons très fort.

– Tu sais, maman, j'aurais préféré que ce soit moi qui sois à sa place...

Cela a été un nouveau choc pour moi. Je n'avais pas imaginé ce que la perte de Raphaël aurait pu lui faire, à lui. Il t'aimait tellement. Et ce, malgré les petites disputes inévitables entre deux garçons. Malgré le manque de temps pour lui, malgré l'attention que l'on t'accordait à cause de ton nævus et aujourd'hui de cette tumeur. Malgré tout. Il t'aimait de toute son âme, sans rancœur, sans haine, juste l'amour d'un grand frère pour celui qu'il aurait tant voulu protéger.

Je l'ai senti pleurer contre moi, alors je l'ai serré plus fort. Je l'ai laissé déposer ces larmes qu'il retenait sans cesse. Lui aussi avait besoin de craquer, d'évacuer ce trop-plein.

Vcrs 11 heures, il a tout de même fallu songer à se dire au revoir. Le train partait à 12 h 15 et nous voulions accompagner maman et Maxime à la gare. Sur le quai, la foule estivale ne songeait qu'au départ vers un repos bien mérité. Parents et enfants étaient excités à l'idée de vacances au bord de la mer. Et nous, nous avions un petit garçon en ce moment même sur la table d'opération, ignorant encore s'il allait vivre, et un autre que nous devions regarder partir pour l'épargner du mieux que nous pouvions...

Maxime voulait paraître fort au milieu de tous ces gens. Mais à l'instant de l'ultime appel dans les haut-parleurs, le barrage a cédé et il s'est jeté dans nos bras.

– Maman, je voudrais rester là... même si je sais que c'est pas possible. Mais s'il te plaît, fais d'énormes bisous à Raphaël pour moi et dis-lui que je suis toujours à côté de lui, tout le temps, tout le temps ! Et puis oubliez pas de me téléphoner. Dès qu'il est sorti de l'opération, promets-moi. Vous allez me manquer...

Des sanglots entrecoupaient ses mots et nous n'avons pas pu retenir nos larmes, nous non plus.

– On te promet qu'on te téléphone dès qu'on a des nouvelles. Tu vas nous manquer toi aussi, mais tu seras mieux avec Mamily en Bretagne qu'en restant ici à attendre. Profites-en, et puis ne t'en fais pas, Raphaël va s'en sortir. Dans peu de temps il ira mieux et pourra te téléphoner lui-même ! On t'aime très fort, mon grand...

Nous n'étions plus que trois silhouettes blafardes s'étreignant sur ce quai de gare. Tout cela me paraissait irréel. Et enfin le moment est venu pour Maxime de monter dans le train. Sa petite main s'est mise à s'agiter derrière la fenêtre, son visage était collé à la vitre. Ne pas pleurer, garder ce sourire de façade qui l'accompagnera avec ma mère sous le ciel de Bretagne. Les portes se sont fermées. Ton père avait pris ma main, j'avais l'impression qu'il allait me la broyer. Pourtant, quand j'ai tourné la tête, son visage ne montrait qu'un immense sourire, et son autre main faisait de grands signes pour dire au revoir à Maxime...

Lorsque le train ne fut plus qu'un point dans l'horizon, nous avons dû reprendre le chemin inverse au milieu de la foule. Un pas devant l'autre... L'horloge du hall d'accueil marquait midi quinze. Cela faisait à peine quatre heures que l'opération avait débuté, il nous fallait encore en attendre seize ! Cela me paraissait impossible dans cette vie extérieure, trépidante et irréelle ; seulement les médecins nous avaient bien demandé de ne pas rester à l'hôpital : ils avaient promis qu'on nous joindrait dès qu'il y aurait des nouvelles. De toute façon, ici ou ailleurs, les secondes nous paraîtraient des siècles.

Nous avons repris notre voiture laissée au sous-sol du parking, nous énervant contre la barrière qui ne voulait pas s'ouvrir. Et le silence s'est à nouveau imposé entre nous deux. Que pouvait-on se dire sans réveiller cette douleur qu'on voulait anesthésier le temps de quelques heures ?

De retour à l'appartement, nous avons attendu sans fin un appel de l'hôpital en essayant de pousser le temps comme nous le pouvions. Je me suis forcée à préparer des papiers afin de mettre en place mon arrêt de travail tandis que ton père faisait les cent pas entre les chambres et le salon. Cet éloignement était vraiment pénible, même si nous nous répétions sans cesse qu'au moindre souci l'hôpital ne manquerait pas de nous contacter.

Vers 15 heures cependant, ne pouvant plus tenir, nous avons fini par téléphoner là-bas. L'infirmière qui décrocha ne put malheureusement rien nous dire de plus. Nous avons donc décidé de repartir à Grenoble car le silence de l'appartement rendait l'attente encore plus insupportable.

Sur le chemin, la radio diffusait une chanson de Renaud, *Mistral gagnant*, qui est venue ébranler nos trop fragiles défenses.

... Et entendre ton rire s'envoler aussi haut
Que s'envolent les cris des oiseaux
Te raconter enfin qu'il faut aimer la vie
Et l'aimer même si le temps est assassin
Et emporte avec lui le rire des enfants
Et les mistrals gagnants
Et les mistrals gagnants... [1]

Il y a des paroles qui ressemblent à certains moments de nos vies, celles-ci en faisaient partie. Les entendre me faisait autant de bien que de mal, comme un poids qui aurait appuyé à l'endroit le plus douloureux.

1. *Mistral gagnant* (Renaud Séchan/Renaud Séchan-Franck Langolff) © EMI Music Publishing France, 1985.

*
* *

Il était 16 h 15 quand nous sommes arrivés à l'hôpital.

Il fallait encore attendre. L'opération n'avait commencé que depuis huit heures, le service semblait calme. J'ai décidé d'aller marcher un peu. Ton père, lui, a refusé de s'éloigner ne serait-ce que deux secondes, au cas où... En traversant les couloirs pour aller me chercher un café, je m'étonnais de tenir encore debout, de pouvoir marcher sans que mes jambes se dérobent sous moi à chacun de mes pas. Devant le distributeur, j'ai mis la monnaie requise et appuyé sur la touche « café court sucré » En regardant le liquide noir et fumant s'écouler, je me suis demandé comment je pouvais encore en aimer l'odeur. Comment avais-je le droit d'apprécier tout cela ? Autour de moi, des allées et venues me rappelaient sans cesse que le monde ne s'était pas arrêté de tourner. On venait de m'annoncer que mon fils avait une tumeur, peut-être cancéreuse, sans aucune certitude sur ses chances de survie, et moi j'étais ici, debout, devant un gobelet de café, respirant, marchant et trouvant même le moyen de penser à demain, aux papiers de congé de présence parentale que je devrais remplir ! Je suis retournée vers ton père qui n'avait pas bougé de la banquette du couloir. Il avait la tête posée entre ses mains, le regard vide, comme perdu. Une fois de plus, nous n'avons pas parlé.

18 h 15. Dix heures d'intervention, ce n'était que la moitié du temps prévu. Nous étions encore assis sur cette banquette quand les portes battantes du bloc se sont

ouvertes. Une infirmière en est sortie, mais elle n'a rien pu nous dire.

Quelques instants plus tard, un médecin est apparu à son tour pour nous annoncer que l'intervention était terminée, mais que seul le Pr Deluc, qui t'avait opéré, pourrait nous donner des informations.

Enfin, les deux portes se sont écartées, laissant apparaître un lit avec ton corps si petit, allongé sous le drap. Tu étais là, un bandage sur la tête, fragile mais... conscient ! L'infirmière qui te poussait s'est arrêtée près de nous. Tu avais les yeux ouverts et dans un demi-souffle, en nous voyant, tu... tu nous as demandé à boire.

Brusquement nous avons eu peur, oui, très peur. Nous aurions dû être soulagés, mais au lieu de cela un doute immense nous avait envahis. Qu'avait-il pu se passer pour que l'intervention n'ait duré que dix heures ? Et puis tu étais conscient, tu n'étais pas intubé, tu parlais, tu voulais boire... Cela voulait donc dire qu'ils n'avaient rien pu faire ? Ils avaient dû ouvrir et, devant l'étendue de la tumeur, ils avaient certainement jugé qu'il était trop tard pour tenter quoi que ce soit. Refermer et ne rien tenter ? Ce n'était pas possible, ce ne pouvait pas être ça...

Mais les mots ne sont pas venus. Nous t'avons juste pris la main en te murmurant : « Tout va bien, maintenant. »

Le Pr Deluc est finalement sorti. Ses traits étaient creusés. Il paraissait tellement fatigué, vieilli tout à coup ! La journée avait été éprouvante...

– Monsieur Carpentier, a-t-il commencé en tendant la main à ton père, mon pacte est accompli. L'opération s'est très bien passée, votre fils va bien. La tumeur a pu être retirée en totalité. Elle était simplement posée et non ancrée sur le tronc cérébral. Le fait que nous n'ayons même pas eu à effleurer le tronc a permis d'échapper à toutes les séquelles dont nous avions parlé. Néanmoins, a-t-il poursuivi, rappelez-vous qu'il faut maintenant procéder à l'analyse pour savoir si la masse était cancéreuse ou pas. Dans ce cas-là, elle a pu toucher d'autres parties du corps avant que nous ne l'ayons retirée. Nous devons donc encore attendre, et aussi voir si le caillot se résorbe.

Puis, se tournant vers toi, le médecin t'a demandé si tu désirais nous parler.

– Je vous aime...

Ce furent tes seuls mots. J'ai senti la main de ton père chercher la mienne, et nous avons tous deux enfin versé des larmes de bonheur, de celles qui font du bien en entraînant les dernières peurs avec elles. J'avais l'impression de pouvoir décrocher le ciel et la lune en même temps. Tu étais là avec nous, tu étais vivant, tu parlais, tu respirais ! J'avais envie de te sentir, de caresser ta peau... Mais je refusais surtout de penser à la suite, je désirais juste arrêter le temps, ne plus bouger. Le monde changeait de dimension. Il se restreignait à ce petit bout de ta vie... Je t'ai serré dans mes bras, ta tête contre ma joue comme ce nouveau-né que tu étais encore il y avait si peu de temps. Et le reste m'importait peu...

– 16 –

Mercredi 23 juillet, le lendemain de l'opération. Pour la première fois depuis une semaine, j'avais pu m'endormir cette nuit-là sans me retourner pendant des heures. Il avait suffi que je pense à toi pour qu'aucun cauchemar ne vienne hanter mon sommeil. Je savais que tu irais mieux, l'opération s'était bien passée et la tumeur avait été enlevée, même si nous ne connaîtrions pas les résultats de son analyse avant plusieurs jours... Nous avions également pu rassurer Maxime qui, à plus de huit cents kilomètres, avait laissé son petit cœur dans une chambre d'hôpital.

Au matin, le ciel nous avait paru plus bleu, plus beau sur le chemin.

Le réveil a été d'autant plus brutal.

À notre arrivée au service de réanimation pédiatrique, nous t'avons trouvé dans un état inquiétant, à nouveau proche du semi-coma. Qu'était-il arrivé ? Pourquoi ne nous avait-on rien dit ?

– Bonjour, a dit une voix féminine, vous êtes les parents de Raphaël ?

Nous nous sommes retournés sur une infirmière qui venait d'entrer et se tenait derrière nous.

– Mais que s'est-il passé ? ai-je demandé, pétrifiée.

– Nous avons dû emmener Raphaël passer une nouvelle IRM ce matin, pour vérifier que la totalité de la tumeur a bien été retirée et qu'il ne reste pas de petits éléments qui auraient pu être entraînés en même temps que le liquide céphalo-rachidien. Un caillot de sang s'est encore formé à l'emplacement de la tumeur, ce qui a manifestement provoqué une nouvelle hydrocéphalie.

À nouveau, les heures et les minutes se sont confondues en un même enfer. Chaque instant était un chemin hérissé d'obstacles toujours plus hauts, plus difficiles à franchir, et cette course nous épuisait.

Au cours de la matinée, nous avons vu les médecins, qui nous ont expliqué les derniers examens que tu avais dû passer. Si la tumeur se révélait cancéreuse, un diagnostic rapide était censé permettre un traitement adapté, et donner ainsi plus de possibilités de prévenir les attaques éventuelles.

La journée semblait ne jamais devoir passer. Allongé sur ton lit, tu ne devais pas bouger. Ce qui de toute manière était impossible car, malgré la morphine qui t'était administrée, le moindre mouvement se révélait un martyre. Je voyais des larmes couler le long de tes joues sans qu'aucun cri ne sorte de ta bouche, si ce n'est des « hum ». Depuis ton « Je vous aime » à ta sortie du bloc, tu n'avais plus prononcé une seule parole. Tu es donc resté ainsi, immobile, pendant des heures. Chaque mouvement provoquait des saignements de nez et des vomissements dus à l'opération, te laissant toujours un peu plus faible. Lorsque les saignements étaient particulièrement importants, il fallait intervenir d'urgence et appliquer un tampon nasal pour arrêter le flux. Tournée vers la fenêtre, j'essayais de cacher mes larmes à chaque nouvelle crise.

Les résultats de l'analyse de la tumeur ne seraient pas connus avant plusieurs jours, de sorte que nous essayions de nous préparer au pire, de nous armer pour faire face à l'invasion terrifiante qui s'élevait à l'horizon : le cancer...

Je n'arrivais pas à remettre de l'ordre dans mes pensées. Mais, surtout, je refusais d'imaginer que cette fois le prochain combat, s'il avait lieu, serait contre la mort.

Le lendemain, tu as subi une autre IRM qui a confirmé l'hydrocéphalie, avec formation d'un hématome qui empêchait le passage du liquide céphalorachidien. Ce qui signifiait qu'il faudrait probablement t'opérer pour mettre en place une « dérivation » destinée à libérer le passage.

Durant tout ce temps, nous devions respecter les horaires de visites du service de réanimation : notre présence n'était autorisée qu'entre 11 et 20 heures. Nous rentrions donc chaque soir dormir à la maison de mon père à Gratteloup.

Dans ta chambre, les stores étaient baissés pour que la chaleur suffocante du dehors ne vienne pas t'étouffer. Et pourtant, comme j'aurais voulu que tu voies ce ciel, à t'en faire mal aux yeux. Comme j'aurais voulu t'offrir le monde, marcher avec toi, te faire oublier...

Les journées se sont réduites à l'espace de ta chambre. Le jour et la nuit, le matin et l'après-midi étaient identiques. J'étais vaguement conscience des allées et venues autour de moi, je ne quittais pratiquement pas le bord de ton lit. Cette lente descente aux enfers me paraissait sans fin. Lucifer prenait son temps ! Tu ne prononçais pas un mot, seuls quelques gémissements franchissaient tes lèvres. Tu ne pouvais pas bouger, mais surtout tu ne voulais pas bouger, tant la douleur était atroce ! Nous devions actionner la pompe à morphine pour t'aider à changer de position – une fois, tu es resté jusqu'à dix heures d'affilée sans remuer ta tête d'un seul centimètre. Il n'y avait que tes yeux pour nous parler de tes douleurs. Ce fut une période vraiment pénible, faite de nausées et de vomissements qui provoquaient de nouveaux saignements. Les heures passaient ainsi, avec un glaive au-dessus de nos têtes. Nous refoulions nos pleurs après tes crises, tout en attendant le verdict de l'analyse que nous sentions rôder autour de nous, pareil à un souffle glacial s'immisçant dans ce qui nous restait de force.

– 17 –

Vendredi 25 juillet. Voilà, nous y étions. Une infirmière était venue nous annoncer que les médecins « souhaitaient nous voir ». Elle nous a conduits à travers un dédale de couloirs, pour aboutir dans une grande salle où nous attendaient plusieurs personnes déjà assises autour d'un grand bureau. On nous a présenté le neurochirurgien, les infirmières, une psychologue, une assistante sociale, le Pr Stener et plusieurs médecins dont certains ne nous étaient pas inconnus. J'ai senti quelque chose flancher à l'intérieur de mon corps, mes mains se sont crispées sur mes jambes qui se retrouvaient comme sculptées dans la pierre. Rien de bon ne pourrait ressortir de cet entretien...

La première personne à prendre la parole fut le neurochirurgien.

– Voilà, nous avons eu les résultats de l'analyse ce matin. Ils expliquent bien les différents symptômes de ces derniers jours et mettent en évidence des cellules suspectes, a-t-il ajouté, l'air mal à l'aise. Il s'agit d'un cancer : un médulloblastome... C'est malheureusement la plus fréquente des tumeurs cérébrales malignes chez les enfants, et sa croissance est extrêmement rapide.

– Oh non, mon Dieu !

J'avais mis mes deux mains sur ma bouche pour ne pas hurler. Le monde s'effondrait et je restais là, tétanisée, un cri inhumain dans la poitrine. Sortir, partir, mais ne plus être là, en proie à ces mots qui me lacéraient le cœur.

Ton père, lui, est resté étonnamment calme. Il a commencé à poser de nombreuses questions que je n'entendais pas : le mot « cancer » résonnait dans ma tête. Étrangement, je me répétais qu'il fallait que je me contienne face à toutes ces personnes, que je devais rester sobre et digne. Et puis, qu'aurais-je pu leur dire ? Que ce n'était pas un petit cancer de rien du tout qui allait pouvoir nous anéantir ? Un cancer...

Et les médecins répondaient à ton père. Nous avons appris que ce type de tumeur représente dix à vingt pour cent de l'ensemble des tumeurs cérébrales et trente pour cent de celles localisées dans la partie postérieure du crâne, et qu'il a un fort potentiel métastatique dans le système nerveux central. En clair, ce n'est pas le plus banal ni le plus simple à soigner. Le traitement classique doit associer ce qu'on appelle une exérèse primitive, c'est-à-dire une opération visant à enlever la tumeur (cette intervention avait déjà été faite pour toi) et, en prévention d'éventuelles disséminations métastatiques, des séances de chimiothérapie et une radiothérapie ciblée. Cette irradiation induisait des séquelles à long terme qu'il nous faudrait contrôler en permanence par des bilans neuropsychologiques. Il faudrait mettre au point un protocole, et l'appliquer dans les mois à venir. Ta réaction aux remèdes, les différents tests de contrôle, ton état général détermineraient par la suite si l'on devait s'en tenir au programme ou le modifier. Actuellement, ce protocole assurait une guérison dans cinquante à soixante-dix pour cent des cas.

– Y a-t-il... Croyez-vous qu'il ait une chance de... ?

– Eh bien il est encore trop tôt pour affirmer quoi que ce soit. Il nous faut un peu de temps, mais le fait d'avoir retiré la tumeur est déjà une bonne chose.

Le docteur s'interrompit un instant puis reprit :

– Je sais que Raphaël a déjà connu de nombreuses difficultés depuis sa naissance. Il a montré à tout le monde qu'il était extrêmement courageux. Soyez sûrs que, de notre côté, nous ferons tout ce qui est en notre pouvoir pour le soigner.

Cet entretien semblait s'éterniser, comme s'il prenait un malin plaisir à me regarder me décomposer. Je sentais des dizaines d'yeux me fixer, m'observer avec douceur, guetter la moindre de mes réactions, la moindre de mes défaillances.

Je n'en pouvais plus. Et ton père qui n'en finissait pas de poser des questions ! Autour de moi, j'entendais toutes ces bribes de mots parlant de protocole à appliquer, de chimiothérapie, de radiothérapie... Autant de termes froids, sommaires et brutaux qui nous entraînaient dans un univers parallèle où la sentence encourue me faisait presque regretter ce temps où l'incertitude nous donnait encore un semblant d'espoir.

Au bout d'un moment qui me parut infini, nous nous sommes retrouvés dans le couloir. La psychologue, une femme d'une trentaine d'années, s'est approchée de moi. Elle voulait que je lui parle, que je dépose mes questions, là, dans cet hôpital. Mais je n'ai rien pu lui dire. Des larmes inondaient mon visage, je me suis laissée glisser le long du mur en me recroquevillant à même le sol. Mon bébé, mon petit bébé, pas ça, pas lui... Seigneur, que vous ai-je donc fait? Je me sentais tomber toujours un peu plus bas. Tout se bousculait dans ma tête. Une image s'était interposée, un souvenir que nous avions vécu des années auparavant. Des minutes volées au réel. C'était insensé...

Tu devais avoir cinq ans. La période des vacances de Noël était venue, la neige et le froid avaient pris place. Nous étions partis une semaine dans le chalet de mes grands-parents à La Clusaz afin de passer les fêtes de fin d'année en famille. À cette époque, j'essayais de ne pas te faire constamment ressentir mon inquiétude, même si tous les parents s'accrochent à leurs enfants tandis qu'ils prennent leur envol, les ailes à peine déployées, les gestes encore incertains. Et nous devons les regarder faire leurs propres expériences tout en restant dans l'ombre, « au cas où ». Quand je t'observais, je ne pouvais m'empêcher de penser : « Tout va bien, mais pour combien de temps? »

Durant ces vacances, tu avais passé des heures entières dehors avec Maxime, bien décidé à profiter du plein air. Je vous contemplais par la fenêtre sans me lasser de voir vos glissades, vos éclats de rire, ce bonhomme de neige dont l'embonpoint laissait à désirer mais qui, muni du chapeau de votre grand-père, de l'indispensable carotte pour le nez et d'un balai trouvé au fond du garage, prenait un air de gardien du temple. Emmitouflés dans vos anoraks, la moindre parcelle de peau cachée sous un bonnet ou une écharpe, vous ressembliez à des petits lutins sautant gaiement dans un univers de papier blanc. Vous ne vous étiez pas quittés une seconde, cette semaine-là. Quand venait la nuit, vous inventiez des histoires au fond de votre lit en riant sans fin. Vous n'aviez besoin de rien, si ce n'est l'un de l'autre.

Ton père, avec sa chemise épaisse à carreaux rouges, ressemblait à un bûcheron, se fondant dans le décor. Il passait ces journées dehors lui aussi, allant et venant, fendant des bûches puis les rentrant afin de faire un feu dans la cheminée le soir. Nous avions décoré l'entrée de longues guirlandes faites de gui, de houx, de boules rouges et vertes et avions placé un vrai sapin dans le salon qui avait été orné de mille feux : un ange aux ailes dorées, quelques petites figurines, une étoile de soie... Le chalet s'était couvert d'un lourd manteau neigeux et l'ensemble n'aurait pas déparé un décor de carte postale.

Le soir de Noël, Maxime t'avait offert une longue écharpe beige que nous avions achetée lors de l'une de nos virées dans les magasins. Il tenait absolument à choisir quelque chose lui-même et pensait qu'il fallait que tu aies bien chaud durant cette semaine à la neige. Il avait insisté pour payer avec ses maigres économies. De ton côté, tu lui avais fait un dessin nous représentant tous les quatre près d'un ruisseau. C'était cette fameuse journée que nous avions passée ensemble : vous vous étiez évertués tout l'après-midi à contrer le cours du torrent à l'aide de pierres et de branchages. Au bas de la page, tu avais marqué, avec quelques fautes qui rendaient ces mots encore plus vrais : « Moi aussi, je serè toujour la pour toi. » J'avais vu les yeux de Maxime s'embuer de larmes mais un sourire éclatant prenait toute la place, comme un arc-en-ciel un jour de pluie. Quand j'étais enfant, on me disait toujours que si l'on arrivait à trouver l'endroit exact où commençait cet arc-en-ciel, on y découvrirait un immense trésor d'or et d'argent. J'avais trouvé un trésor ce soir-là, comme si Noël avait invité le Ciel et les anges à nos côtés.

J'ai doucement regagné la réalité au milieu de ce couloir où les différentes personnes qui se tenaient dans la salle nous avaient rejoints.

– S'il vous plaît, leur ai-je demandé, je préférerais que Raphaël ne sache rien pour l'instant.

J'étais en effet persuadée que si l'on t'apprenait la nouvelle aujourd'hui, tu lâcherais prise. Tu avais besoin d'espoir, cet espoir auquel on se raccrochait depuis tant d'années. Mais j'ai senti les médecins indécis sur ce souhait.

– Vous ne pourrez pourtant pas le lui cacher bien longtemps, il doit savoir contre quoi se battre.

– Je sais bien, mais s'il vous plaît, ne dites rien. Pas encore...

Les infirmières nous ont conseillé de ne pas aller te voir tout de suite. Nous devions reprendre une contenance auparavant. Nous sommes donc descendus à la cafétéria, tournant et retournant nos cuillères dans des cafés que nous n'avons jamais bus. Rien ne passait, pas même les mots. Nous avons tout de même téléphoné à la famille. J'ai demandé à ma mère de ne rien dire à Maxime, qui était encore avec elle en Bretagne. Ton frère savait bien sûr que tu avais quelque chose de grave, mais il en était resté à l'opération d'exérèse de la tumeur. Il ignorait encore que cette tumeur était cancéreuse. Je ne pouvais pas lui annoncer ça par téléphone, je voulais lui parler moi-même, lui dire cette vérité avec mes mots, des mots d'amour. Je voulais être près de lui lorsqu'il l'apprendrait. Maxime avait déjà passé des heures difficiles, et cette épreuve de plus était un nouveau saut dans le vide.

Ensuite, nous sommes remontés vers ta chambre. Les portes de l'ascenseur se sont refermées sur nous. Premier, deuxième... Elles se sont alors ouvertes sur un lit d'hôpital.

– S'il vous plaît, veuillez sortir, nous avons besoin de toute la place, nous a dit une infirmière.

Elle poussait un lit où un jeune homme était étendu. Il devait avoir une vingtaine d'années et semblait dormir... Un souffle glacial m'a parcouru le dos.

Ta chambre était silencieuse, tu dormais paisiblement, tout du moins je l'espérais. Ton lapin bleu était tombé à terre. Je me suis baissée pour le ramasser mais au lieu de le reposer contre toi, je l'ai serré contre mon visage, enfouissant celui-ci au creux de ce qui restait de fourrure. Et nous sommes restés ainsi un long moment, mon nez dans ta peluche et la main de ton père dans la mienne.

Le lendemain samedi ne fut pas meilleur. Tu avais de la fièvre, tu vomissais toujours et tes saignements de nez ne cessaient pas. De plus, tu ne parlais toujours pas. Les médecins surveillaient l'évolution de ton hydrocéphalie et espéraient éviter une seconde intervention. De fait, une IRM de contrôle a montré que le caillot de sang s'effritait un peu : nous échapperions donc certainement à la « dérivation ». Nous attendions maintenant de voir si des cellules cancéreuses s'étaient greffées sur d'autres organes.

Nous avons passé ces jours-là assis à tes côtés, arrivant avant l'heure autorisée en passant par le couloir des visiteurs. Un matin, la porte de ta chambre était fermée : c'était l'heure de ta toilette et il nous était interdit d'entrer. Cependant les rideaux de la vitre donnant sur le couloir étaient écartés et nous sommes restés derrière cette cloison de verre, regardant l'infirmière te faire tes soins quotidiens. J'aurais dû être là, à sa place, être celle qui te prenait contre elle, te lavait, t'habillait. J'aurais dû te dire des mots doux, ces mots qui réchauffent si bien le cœur.

Et j'ai haï cette épreuve qui me tenait loin de toi. Tes yeux se sont alors tournés vers moi, lentement, difficilement. Mon Dieu, comme ils étaient cernés et tes joues trop pâles, presque bleues ! Ton regard semblait s'être éloigné un peu plus depuis la veille, comme si tu ne voulais déjà plus lutter. Puis des larmes ont glissé le long de ton visage, sans bruit, sans cri, sans aucun sanglot.

Deux jours plus tard, tu as quitté le service de réanimation pour être transféré en pédiatrie car le service d'unité protégée (où l'on soigne les cancers) était complet. La pédiatrie est un service de soins où l'on s'occupe essentiellement des maladies type bronchiolite ou gastro. Donc, la présence des parents y est bien plus tolérée qu'en réanimation. J'avais désormais le droit de rester près de toi vingt-quatre heures sur vingt-quatre, et ne plus avoir à partir chaque soir en ayant ce sentiment atroce de t'abandonner. Ton père (il était toujours en recherche d'emploi et passait des heures à téléphoner ou répondre aux annonces) ferait le trajet chaque jour.

Quant à toi, une esquisse de sourire avait éclairé ton visage à l'annonce de ce changement, et j'ai espéré que cela contribuerait à te redonner la force de te battre : tu vivrais désormais au milieu d'autres enfants, et tu aurais toujours ta maman avec toi.

Ta nouvelle chambre se trouvait au quatrième étage, au bout d'un couloir. Il y avait là deux lits avec des draps bien frais et tendus. J'avais pris tes affaires, elles tenaient bien peu de place en réalité.

Une nouvelle infirmière est entrée pour mettre en place ta pompe à morphine. Elle respirait la joie et la bonne humeur. Mais nous étions fin juillet et cela faisait maintenant huit jours, depuis l'opération du 22, que tu n'avais pas prononcé une seule parole. Certains médecins et infirmières n'avaient même pas encore eu l'occasion de voir ton visage : dès que la porte de ta chambre s'ouvrait, tu te glissais sous tes draps en un temps record pour ne pas apercevoir la moindre blouse blanche qui, pour toi, était symbole de soins, d'examens, de douleurs.

Les jours qui ont suivi, il a pourtant fallu trouver nos marques dans ces lieux. Les heures passaient dans un quasi-silence, tu étais bien trop épuisé pour avoir envie de faire quoi que ce soit. Dans mon obstination à te faire parler, j'avais fini par instaurer une sorte de code : une pression de ta main signifiait un oui, et deux pressions, un non. Mais ce fut peine perdue à de nombreuses reprises.

Ton père, lui, continuait ses éternels allers et retours. Il commençait à ressentir la fatigue de cette course perpétuelle, mais ne pouvait pas laisser passer plusieurs jours sans venir vérifier par lui-même comment tu allais. Il t'avait rapporté quelques objets qui te rappelleraient la maison : des photos de Maxime, un doudou que ta maîtresse t'avait offert, quelques livres... Cependant, rien ne pouvait changer vraiment cette pièce. Et puis tu ne voulais pas te sentir comme chez toi, cela aurait signifié renoncer à trop de choses. L'infirmière avait placé ton lit près de la fenêtre qui donnait sur le jardin. Un semblant de liberté dans ce bocal de verre et de béton. Au loin, une usine laissait s'échapper une longue traînée grisâtre. Cette vie du dehors nous semblait à des années-lumière maintenant.

Car ici, au-dedans, rien n'était pareil. L'apparence extérieure n'avait pas la même signification. Aucune barrière, aucun fossé, chacun luttait pour gagner ce qui paraissait tellement normal à l'extérieur : un peu de vie, la seule qui comptait vraiment.

*
* *

Vendredi 1er août. Cela faisait maintenant dix jours depuis l'exérèse de ta tumeur. L'œdème qui était apparu le lendemain se résorbait : cela confirmait donc qu'il n'y aurait pas d'opération de dérivation.

On t'a emmené passer l'IRM que nous redoutions : celle qui nous indiquerait s'il n'y avait pas des cellules cancéreuses qui risqueraient de descendre le long de ta colonne vertébrale pour se greffer sur d'autres organes. J'avais si peur. Car si la colonne vertébrale forme une barrière naturelle qui protège le cerveau de nombreuses infections, elle empêche de ce fait les traitements ordinaires de lutter contre les cellules cancéreuses du cerveau : en filtrant ces traitements, elle les rend inefficaces !

Le temps de l'examen me parut durer une éternité. *Je t'aime et je supplie. Je ne supporterai pas de te perdre.* J'enfouissais ma peur dans le creux de mes poings. *Je n'aurai pas la force de continuer si tu t'en vas. Je ne pourrai pas. Seigneur, ne m'imposez pas ça.*

Résultat de l'IRM : aucune autre cellule cancéreuse visible !

Évidemment, le protocole incluant la chimiothérapie et la radiothérapie devrait tout de même suivre son cours, pour éliminer les cellules cancéreuses qui auraient pu se propager ailleurs : lorsque ces dernières sont infimes et peu nombreuses dans les tissus, il arrive qu'elles soient indétectables à l'IRM.

Mais ce résultat nous apportait un immense soulagement.

– 18 –

Lundi 4 août. On nous a annoncé une visite inattendue. Ta maîtresse du CE1, Annie, venait te voir ! Dans ta chambre la chaleur était insupportable, alors nous avons demandé s'il était possible d'avoir un fauteuil roulant pour aller dans le jardin à sa rencontre. Prendre l'air... Ces mots nous auraient paru totalement anodins « avant », dans la vie du dehors. Mais ici, et pour toi, ils avaient une importance considérable, tant les moments de répit à l'extérieur étaient rares.

Nous nous sommes installés dans le parc sous un arbre centenaire. Ses immenses branches nous abriteraient au moins des rayons du soleil, car aucun souffle de vent n'était perceptible.

Annie était une femme adorable, qui avait toujours su être à ton écoute et avec laquelle nous avions gardé des contacts réguliers. Elle appelait souvent à la maison pour prendre de tes nouvelles, même durant les vacances, et c'est ainsi qu'elle avait su ce qui t'était arrivé ces dernières semaines. Ton père m'avait dit l'avoir sentie très affectée au téléphone. Pourtant, je ne crois pas qu'elle s'était attendue à te trouver comme cela... Tu avais un regard perdu, vide. Ta tête restait penchée sur ton buste et tes joues creuses étaient loin de ce visage dont elle devait se souvenir. Tes mains demeuraient crispées sur les accoudoirs.

J'ai vu Annie surgir tout au fond de l'allée ; elle souriait, certainement heureuse de te voir. Je me suis levée pour aller à sa rencontre, heureuse moi aussi que le monde d'avant ne nous ait pas tout à fait oubliés derrière ces murs. Mais lorsqu'elle est parvenue à ta hauteur, je l'ai vue tressaillir. Ses yeux ont eu une expression d'effroi le temps de quelques secondes, puis elle s'est vite reprise. Personne n'est jamais préparé à ce genre de situation.

– Bonjour, Raphaël, je suis vraiment contente de te voir. Ton papa m'a dit ce qui t'arrivait, cela m'a beaucoup peinée mais je suis certaine que tu pourras faire face. N'oublie surtout pas que nous t'aiderons tous...

Nous sommes restés un long moment assis là, discutant, regardant les dessins et les petits mots que tes copains d'école t'avaient préparés. Est-ce que cela te faisait du bien ? Impossible à dire, tu ne parlais pas. Ton père était venu nous rejoindre pour passer la fin de l'après-midi avec nous. Au bout d'une heure environ, nous avons décidé de remonter dans la chambre en pédiatrie. Là, une infirmière nous a informés que tu devais partir en « unité protégée » (ce service de soins réservé aux enfants atteints de toutes sortes de cancer) car un lit s'y était libéré : la phase de chimiothérapie allait commencer.

Pendant que nous préparions tes affaires, ton père a raccompagné ta maîtresse. Dans le couloir, je me suis aperçue que celle-ci avait les larmes aux yeux. Les mots ne venaient pas. Comme je la comprenais! Que pouvait-on dire...

Après son départ, nous nous sommes dirigés tous les trois vers ta nouvelle chambre – ta troisième à l'hôpital –, accompagnés par deux infirmières. Comme en pédiatrie, je serais autorisée à rester à tes côtés. Ton père, lui, n'avait pas le choix : il devrait encore faire d'incessants trajets, et de toute façon une seule personne pouvait rester.

Quand nous sommes sortis de l'ascenseur, j'ai aperçu une jeune infirmière un peu rondelette qui accrochait des posters de personnages de bandes dessinées sur les murs du couloir. Il y avait aussi une fresque peinte sur une dizaine de mètres dans des couleurs très gaies. Tout cela créait une atmosphère chaude et colorée. Mais une fois que nous avons réellement pénétré dans le service, ce fut le choc.

La chambre comportait une seule fenêtre, impossible à ouvrir d'ailleurs (l'air du dehors n'étant pas aseptisé). Elle m'a paru vraiment très petite et très froide, même si elle était équipée du mobilier habituel : lits, table, chaise, commode. Nous devrions porter en permanence un sarrau (même prescription pour les visiteurs) et il était obligatoire de se laver les mains avant d'entrer.

Je me suis sentie brusquement désemparée, comme si mes défenses à moi aussi s'écroulaient. J'aurais voulu contrôler mes larmes mais je n'y parvenais pas. Tout m'était inconnu, étranger ici, je n'avais plus aucun repère.

Nous avions dû sans cesse nous adapter à de nouveaux environnements. Mais là, je ne m'en sentais plus la force. Je n'en étais pas capable ! J'étais épuisée aussi par ce jeu des masques que je tenais depuis des jours devant toi.

L'infirmière en chef, une dame très gentille, m'a trouvée effondrée lorsqu'elle est entrée pour nous expliquer le fonctionnement du service. Toi, comme à ton habitude, tu t'étais retranché sous la frêle protection de ton drap... Il te faudrait du temps pour tout accepter.

– Ne laissez jamais entrer quelqu'un qui ne se soit pas lavé les mains jusqu'aux coudes, ne se soit pas mis du gel antibactérien et n'ait pas revêtu le sarrau. Cette règle est valable pour tous, médecins, infirmières ou simples visiteurs. Absolument personne ne doit déroger à la consigne.

J'ai appris petit à petit les différents points à respecter dans cette unité. Je ne devais pas manger dans ta chambre, ni utiliser tes toilettes, et il me faudrait changer les draps de mon lit tous les jours. Un ménage spécifique devrait être fait à l'intérieur de la pièce avec un agent germicide. On m'a également indiqué les douches situées à l'étage supérieur, dans une salle de bains réservée aux parents, ainsi que la salle de détente – toujours pour les parents – où j'aurais la possibilité de faire chauffer mes repas, manger et regarder la télévision. Bien qu'il y ait un canapé, quelques fauteuils, une petite table basse avec des revues, une télévision fixée au mur et un bouquet de fleurs fraîches, ce coin ne serait jamais un endroit de détente... J'ai décidé dès le départ de sortir de ta chambre uniquement pour le petit déjeuner et la douche. Le reste du temps, je demeurerais auprès de toi. Peut-être pour partager les mêmes douleurs, les mêmes peurs, le même enfermement.

Nous avons fait brancher le téléphone afin que Maxime (qui ignorait toujours que ta tumeur était cancéreuse, puisque nous avions décidé, ton père et moi, de le lui annoncer à son retour de Bretagne) puisse nous appeler quand il le souhaitait. Ce téléphone était le seul lien qui te rattacherait à l'extérieur, hormis les visites que seuls Maxime et ton père seraient autorisés à nous rendre, après avoir revêtu le sarrau, bien entendu.

Avec la petite vitre qui donnait sur le couloir et la minuscule fenêtre, nous ressemblions à deux poissons rouges dans un bocal, privés d'une vision sur le monde « normal ». L'unique distraction de la journée était les personnes qui passaient régulièrement derrière la vitre, et nous faisaient quelquefois un petit signe.

– Ne t'inquiète pas, mon ange, je resterai là avec toi tout le temps qu'il faudra.

Rien, tu ne me donnais aucune réponse, mais je lisais dans tes yeux...

Juste après ton opération, tu avais tout à coup pris conscience de ce qui t'arrivait sans que personne n'ait eu le temps de t'expliquer quoi que ce soit. Tu savais... Tu savais que tu avais une maladie très grave et cela te terrifiait. Alors tu t'étais replié sur toi-même, gardant en toi cette colère et ces angoisses que tu ne pouvais libérer, emmuré dans le silence, à l'abri de ce monde qui s'écroulait. Depuis, tu restais recroquevillé dans ton lit comme un animal blessé qui a peur de ceux-là même qui voudraient l'aider. De plus, ton petit corps n'avait plus de forces. Tu maigrissais à vue d'œil, tu refusais de manger ce que les infirmières te déposaient.

Tu y avais cru pourtant, en cette saleté de vie, résolument confiant, battant. Mais cette fois, j'avais l'impression que tu ne le voulais plus.

*

* *

Les heures dans cette pièce semblaient ne pas vouloir passer. Le rituel était toujours le même : nous étions en général levés à 6 h 30 mais j'essayais de me réveiller un peu plus tôt et de prendre ma douche avant que tu n'ouvres les yeux, pour ne pas te laisser trop seul. Puis je guettais ton premier regard dans la pénombre.

– Bonjour, mon petit amour...

J'enlevais les draps de mon lit, et j'attendais 8 h 30 pour descendre prendre mon petit déjeuner, qui serait mon seul repas de la journée. Il m'est souvent arrivé d'avaler un simple lait froid pour pouvoir revenir le plus rapidement possible près de toi. Tout au long de ton séjour dans cette chambre, je n'ai cessé de te supplier d'accepter de manger, ne serait-ce qu'un chocolat chaud, mais tu me faisais toujours la même réponse : un mouvement de tête négatif. Dans la matinée, je t'aidais à faire ta toilette et à marcher un peu, ce qui est devenu très compliqué lorsque perfusions, pousse-seringues et chimiothérapies accrochées à une potence devaient faïre le trajet à nos côtés ! Pendant ce temps, les aides-soignantes changeaient les draps et désinfectaient les lits et les meubles. En fin de matinée, en général un médecin passait.

Il n'y avait bien sûr pas de déjeuner à midi, pour aucun de nous deux : puisque tu refusais de manger, je t'accompagnais ! En revanche, nous attendions avec impatience les visites de ton père. Je profitais de sa venue pour lui donner mon linge et lui demander quelques pulls, car malgré la canicule extérieure l'air climatisé en permanence dans la chambre me laissait tremblante de froid. Il apportait aussi quelques jeux de société ainsi que ta Play Station qui, une fois passée en désinfection, ressortait quelque peu humide mais a pourtant bien résisté puisqu'elle a toujours fonctionné normalement !

Souvent, dans l'après-midi, tu t'endormais deux heures et nous en profitions, ton père et moi, pour aller boire un café à l'extérieur. Je respirais alors le grand air à pleins poumons et j'emmagasinais goulûment les sensations, les odeurs, les bruits avant qu'une nouvelle plongée dans l'univers médical ne me rappelle à l'ordre. Durant ces courts instants où nous nous retrouvions tous les deux, j'avais du mal à redevenir une femme, à être de nouveau celle que ton père avait rencontrée onze ans auparavant. J'éprouvais beaucoup de difficultés à me montrer sereine et détendue, tant j'avais l'esprit plein de toi et de ces peurs du lendemain.

Ton père me racontait les derniers appels qu'il avait reçus pour l'association. Il y avait notamment le cas d'un jeune couple qui venait d'avoir un enfant avec un nævus sur le dos. Les médecins leur avaient annoncé froidement que leur enfant avait peu de chances de survie ! Décidément, le temps passe et l'histoire recommence... Ils avaient donc entrepris des recherches personnelles et le hasard les avait dirigés sur notre site Internet. Le premier contact téléphonique était toujours suivi d'un immense soupir de soulagement de la part des parents : savoir qu'enfin leur douleur était reconnue, écoutée, comprise, partagée même, qu'un nom pouvait être posé sur la maladie de leur enfant, et qu'il existait quelque part d'autres parents ayant traversé ce même enfer, tout cela leur permettait de ne plus se sentir seuls. Mais une chose restait primordiale : l'espoir ! Nous n'avons jamais arrêté de faire vivre cette association ; quels que soient nos douleurs ou nos problèmes, et même si les derniers événements étaient particulièrement graves, aucun de nous deux ne se sentait le droit de ne plus répondre à ces familles qui, elles aussi, se débattaient pour leurs enfants.

Ton père n'était évidemment pas moins anxieux que moi. Cependant, il se faisait le devoir d'incarner pour toi cette force que, selon lui, un père est censé représenter. Il ne se départait jamais de son assurance, derrière laquelle il cachait des émotions trop violentes. Je percevais pourtant une immense douleur au fond de lui. Je me souviens d'une conversation que nous avons eue plus tard, lors de l'écriture de ce livre. Maxime et toi étiez présents. Il m'a raconté comment il s'était interdit de flancher, parce qu'un père doit être pareil à un chêne centenaire : fort, fier, indestructible... Tu l'as simplement regardé, les yeux pleins de larmes, et tu lui as dit qu'un papa a aussi le droit de pleurer et qu'il n'est pas obligé d'être toujours fort... Putain de maladie !

Une fois ton père reparti, tu t'endormais aux alentours de 19 heures ; la chambre était alors plongée dans le noir et j'occupais ma soirée à regarder la télévision ou bien à lire à la seule lueur de l'écran... Les heures étaient interminables. Mais une des choses à laquelle j'ai eu le plus de mal à m'habituer là-bas était le manque total d'intimité. Je n'avais aucun endroit où me changer et n'importe qui pouvait passer devant la vitre ou entrer alors que je me déshabillais. La vision d'un corps en sous-vêtements était certainement tout à fait banale pour le personnel, mais le savoir ne me mettait pas plus à l'aise !

La nuit, durant mes fréquentes insomnies, je revoyais sans cesse la maison, j'imaginais ton père dans ce semblant de vie qu'il devait essayer de poursuivre : ses repas en célibataire, ses soirées en solitaire... Et je m'accrochais à l'espoir : bientôt tu guérirais et nous serions à nouveau tous les quatre réunis.

Un jour, nous avons reçu un appel d'Henri Dès, toujours présent à nos côtés. Il avait appris par ton père ce que tu endurais. Il t'a aussitôt appelé, et malgré ton mutisme au téléphone, il s'est mis à te chanter la chanson que tu aimais tant : *Mon doudou.*

J'ai plein de jeux électroniques
Et même un p'tit train électrique

Mais si je devais garder un jouet
Parmi les jouets que j'ai [...]
Je choisirais mon doudou
Doudou, mon doudou si doux [1]...

On aurait dit qu'elle avait été écrite pour toi.

De son côté, Maxime, qui ne pouvait venir te voir, se laissait envahir par une peur incontrôlable : celle de te perdre. Il était encore en Bretagne, à plus de huit cents kilomètres et, dès que nous l'avions au téléphone, il demandait à te parler. Invariablement, je devais lui répondre que tu ne voulais plus prononcer un seul mot. Mais avec son esprit d'enfant, manquant du recul qu'ont les adultes, il s'était imaginé que tu étais mort. Il pensait que nous lui cachions cette terrible nouvelle. Ma mère me disait qu'après chaque appel elle le récupérait en pleurs, tremblant, et que rien ne pouvait le consoler. Ton frère et toi étiez devenus comme une seule et même vie. Ta vie était devenue la sienne, tes incertitudes, tes silences augmentaient ses angoisses, et pour lui non plus je ne pouvais rien faire. C'était de plus en plus absurde.

Après tous ces jours sans un mot, j'ai décidé qu'il fallait absolument changer la situation. Comprendre tes peurs était une chose, accepter que Maxime en paie le prix en était une autre. Dans une semi-colère, je t'ai supplié, te parlant du mal que tu lui faisais par ton silence, lui qui n'était pour rien dans cette maladie. Il

1. *Mon doudou* (Henri Dès) © Éditions du Mille-Pattes.

fallait vraiment que tu lui parles, ne serait-ce qu'un mot, un seul mot pour qu'il sache que tu vivais !

– Je t'en prie, Raphaël, tu n'as pas le droit de laisser Maxime comme ça. C'est injuste de lui faire subir ainsi ton silence. Bats-toi, ne renonce pas, je t'en prie. Rappelle-toi l'histoire de ton grand-père Yves, celle du petit garçon au pays des mots !

Ces paroles avaient dû t'atteindre, car tu as pris l'appareil et tu as dit :

– Ça va ?

Ce furent tes seuls mots, mais ils ont suffi à Maxime. J'ai repris le combiné pour lui parler mais je l'ai juste entendu pleurer. Il laissait couler enfin des larmes trop longtemps contenues.

– Je suis trop content, maman, trop content...

– Moi aussi, Maxime. Tu sais, tu es le premier à qui il parle depuis bien longtemps.

J'étais si heureuse pour lui. Et dans le même temps, je m'en voulais tellement de lui faire subir tout ça. Cette séparation imposée, nos mensonges forcés, ma présence constante auprès de toi... Personne n'en sortirait indemne.

Un après-midi enfin, alors que ton père venait à peine d'arriver, l'oncologue (spécialiste des traitements médicamenteux du cancer) est passé nous voir à l'improviste et, comme d'habitude, tu t'es caché sous les draps. Il est vrai que chaque personne entrant ici devait revêtir la fameuse tenue et cela n'était pas fait pour faciliter le rapport entre médecin et patient. De notre côté, nous n'en menions pas large : nous n'avions pas encore eu le courage de lâcher le mot cancer, et la visite de l'oncologue allait précipiter les choses.

Celui-ci nous a expliqué en détail le protocole. Comme nous le savions déjà, l'exérèse de la tumeur ne suffisait pas : il fallait absolument des séances de chimiothérapie, et peut-être de la radiothérapie. Cette stratégie visait à éliminer les cellules cancéreuses qui avaient pu se propager ailleurs que dans le cerveau. Ta chimiothérapie comporterait des médicaments spécifiques et très actifs demandant une préparation bien particulière. Ainsi ta moelle osseuse ne fabriquerait plus, temporairement, de globules rouges ni même de blancs.

– Pour administrer ce traitement à Raphaël, a précisé l'oncologue, nous lui poserons un « port à cath' ». Il s'agit de mettre en place sous la peau une petite chambre d'injection reliée à une grosse veine : comme cela, on facilite lors de la chimiothérapie le passage des antivomitifs et les prélèvements, ainsi que les intraveineuses répétées, qui se révèlent souvent trop agressives lorsqu'on a un cancer.

Voilà, le mot était lâché. J'ai senti ton petit corps secoué de sanglots sous les draps. Tu avais compris. Mais tu avais également pris un raccourci auquel nous n'avions pas pensé : tu avais la même maladie que ton grand-père décédé deux ans plus tôt, lui, d'un cancer des poumons. Dans ton esprit, cela signifiait donc que tu allais forcément mourir, comme lui !

Lorsque la porte s'est refermée sur l'oncologue, ton père a doucement relevé les draps. Tu étais recroquevillé dans la position fœtale, le visage enfoui contre ton doudou.

– Raphaël... Je sais que tu dois avoir très peur. Je suis désolé, on aurait dû te l'annoncer nous-mêmes avec maman... Je ne peux pas te dire que ce n'est pas grave, ce que tu as, car je ne veux pas te mentir. Mais tu sais, il y a plusieurs formes de cancers. Certains sont beaucoup plus graves que d'autres, en tout cas la plupart se soignent. Et pour aider les médecins, il faut que tu te battes ! Il ne faut pas que tu laisses cette maladie gagner. Je sais que tu seras le plus fort et que très bientôt nous pourrons retourner tous ensemble au bord de notre ruisseau... Tu te souviens de notre ruisseau ? Je te promets que ce jour-là on reconstruira un barrage, mais là il sera fait d'amour, de plein, plein d'amour. Et rien ne pourra nous arrêter, je te le jure !

– 19 –

Les trois jours qui ont suivi nous ont apporté davantage de précisions sur le traitement prévu.

Les substances qui allaient être utilisées pour la chimiothérapie pourraient entraîner bien sûr une perte de cheveux, mais surtout une diminution des cellules sanguines qui rendrait obligatoire des transfusions afin de rétablir l'équilibre. Il faudrait notamment surveiller tes globules blancs : si le taux de ces défenses baissait (c'est ce qu'on appelle l'aplasie), tu aurais besoin de perfusions de plaquettes et de sang qui te permettraient de te défendre contre d'éventuelles infections. Tu pourrais également souffrir de troubles digestifs, de nausées, de vomissements ou de mucites (des sortes d'aphtes situés dans la bouche)... Le tableau n'était pas vraiment rassurant.

Finalement, le mardi 5 août au matin, tu es reparti au bloc pour la pose du « cath' », le fameux cathéter.

Laisser à nouveau les portes se refermer derrière toi. Et attendre. Encore attendre. La cafétéria de l'hôpital n'était pas spécialement chaleureuse, mais nous ne pouvions nous résoudre à nous éloigner dans les rues de la ville. Nous nous sommes donc décidés à prendre un café autour d'une des tables en Formica gris. Autour de nous, d'autres personnes se trouvaient elles aussi assises devant une boisson. Aucune ne montrait de visage épanoui. Nous jouions tous un rôle dans la même pièce absurde : chacun soupçonnait le désarroi de son voisin sans vouloir en imaginer les détails. Nos regards se croisaient, se comprenaient, puis se fuyaient.

Au bout d'une heure, ne pouvant plus tenir assis, nous sommes retournés dans la partie du bâtiment où se trouvait la salle de réveil. Le couloir n'offrait aucun fauteuil et nous avons dû rester debout. Nous étions là depuis une trentaine de minutes, à faire les cent pas sur les vingt mètres qui composaient notre espace, quand nous avons entendu des hurlements de l'autre côté des portes. Tes hurlements. Et nous ne pouvions rien faire ! J'ai appuyé ma tête contre la paroi, serré les poings pour ne pas laisser sortir cette plainte qui s'élevait de mon corps. Il y avait ces murs entre toi et nous, ces médecins, ces appareils, cette maladie qui nous condamnait à regarder tous les ravages dont elle était capable. Et ce n'était qu'un début. Cet adversaire était de ceux qui ne se laissent pas cerner facilement, de ceux qui empruntent des chemins détournés. Saleté de vie, je la haïssais et l'aimais tour à tour.

Tes cris ne cessaient pas et il nous était interdit de pousser les portes. Une infirmière est alors venue me chercher afin que j'essaie de t'apaiser. Ton père n'a pas pu m'accompagner, car on n'admettait qu'une seule personne près de toi.

Tu étais là, allongé sur un lit, des larmes plein les yeux, avec ce regard que je te connaissais trop depuis quelque temps, celui qui me suppliait de ne plus te laisser souffrir... Que fallait-il faire pour que tout cela s'arrête ?

Les médecins venaient de t'injecter de la morphine. En attendant que celle-ci agisse, les secondes ont paru des siècles. Enfin l'effet apaisant de la piqûre s'est fait ressentir et nous avons pu remonter dans la chambre, où ton père était retourné.

– 20 –

Deux jours après la pose du « port à cath' », tu as entamé ta première séance de chimiothérapie. Elle allait durer vingt-quatre heures, sans aucune interruption. Plusieurs infirmières se sont affairées dans ta chambre afin de tout mettre en place, et les perfusions se sont succédé toute la journée. Sacs en plastique, seringues, tubes, sonneries incessantes... La nuit n'a pas été moins mouvementée, c'était un va-et-vient permanent. De surcroît, je devais récupérer tes urines toutes les heures. Comme tu n'y mettais pas plus de bonne volonté que cela, il a fallu t'injecter un produit afin de te faire uriner de manière régulière. Le résultat a dépassé toutes nos espérances, puisque j'ai dû cette fois me lever toutes les demi-heures.

Au matin, les traitements se sont poursuivis. Ton père m'a appelée plusieurs fois pour prendre de tes nouvelles, puis il est venu comme chaque jour. Maxime aussi avait téléphoné, il attendait son retour de Bretagne avec impatience.

*
* *

Au cours des différents séjours que j'ai effectués par la suite au service d'unité protégée, je me suis peu à peu familiarisée avec les lieux. L'étage comprenait neuf chambres identiques à la nôtre, où se trouvaient d'autres enfants gravement malades eux aussi.

D'abord Hugo, un garçon de cinq ans. De grands yeux marron pétillants, une petite tête blonde bourrée de charme et un sourire enjôleur. Il était plein d'envie de vivre, le regard toujours prêt à vous faire oublier ce lieu. Il occupait la chambre juste en face de la nôtre, confiné lui aussi dans cet espace clos vingt-quatre heures sur vingt-quatre. Il avait une leucémie et, bravement, il ne se laissait pas envahir par la peur. J'apercevais souvent ses parents. Sa maman ne pouvait rester la journée, mais je les voyais tous les deux chaque soir. Ils faisaient des trajets continuels, jonglaient avec les heures, leur vie de famille et ce petit bout de bonhomme qui n'était que sourire.

Cependant, je n'ai pas réellement sympathisé avec qui que ce soit. Il y avait bien les « cafés croissants » du samedi matin, où les parents pouvaient se retrouver et parler un peu, mais je n'ai jamais eu le courage d'y aller. Certes, c'était l'occasion pour beaucoup de partager leurs angoisses, leurs expériences et leurs doutes avec des personnes qui les comprenaient mieux que quiconque. Car, à l'extérieur, peu de gens avaient vraiment conscience de ce que nous endurions, même au sein de nos amis ou de la famille avec qui nous parlions pourtant beaucoup. Mais pour ma part, je ne pouvais pas entendre les souffrances de tous ces parents, pas encore.

Il y avait également Alexandre, que tu aimais bien, et un autre jeune garçon que j'ai aperçu un jour au quatrième étage. En le voyant, j'ai eu l'impression qu'il allait bien et je n'ai pu m'empêcher de penser qu'il n'avait certainement rien à faire ici, qu'il devait y avoir une erreur. Mais quel enfant était à sa place en cet endroit ?

C'est le jour de son admission que je l'ai croisé. Il s'appelait Nathan et avait dix ans. Son père l'accompagnait, portant la valise de son fils comme un fardeau qu'il aurait voulu abandonner. C'était un petit homme aux yeux doux et sombres que la maladie de son garçon semblait anéantir. J'ai appris par la suite que, comme Hugo, Nathan avait une leucémie. Il s'était retrouvé dans la chambre voisine de celle d'Hugo, luttant lui aussi pour garder l'espoir. Je le revois, si frêle dans son petit pyjama, le visage bien pâle. Il devait peser à peine vingt kilos. Il restait assis de longues heures sur le bord de son lit en balançant ses jambes dans le vide, le regard lointain. Je me souviens surtout de ses yeux où la peur avait remplacé les joies de l'enfance...

Au bout d'un moment, je ne l'ai plus vu dans le service. Je me suis dit qu'il avait enfin pu rentrer chez lui, et je m'en suis réjouie pour ses parents. J'imaginais trop ce que pouvait représenter un retour à la maison ! Mais j'ai appris par hasard, en entendant une conversation entre deux infirmières, que Nathan était décédé trois semaines après son admission.

Ce premier contact avec la mort m'a terrifiée. Même si l'on sait qu'ici elle peut surgir n'importe quand, il est toujours difficile de l'accepter. Je m'étais souvent dit que cela ne pouvait pas nous arriver, pas à nous ! Cette nouvelle me ramenait à la fragilité de ta vie. C'était ma propre révolte contre cette mort qui venait me narguer, qui me demandait de la regarder en face et de voir ce dont elle était capable. Et je ne pouvais imaginer quelle serait ma réaction si nous devions un jour l'affronter. Je crois que je ne pourrai pas continuer. Pas sans toi.

Aujourd'hui encore, je pense fréquemment au père de ce petit garçon. Je le revois, avançant dans le couloir avec cette petite valise à la main, et il m'arrive de prier pour lui en espérant qu'il ait trouvé un peu de paix.

– 21 –

Le samedi 9 août, nous avons reçu une bonne nouvelle. Après les vingt-quatre heures de ta première chimiothérapie, les médecins t'ont autorisé à partir : les produits injectés étaient très actifs, et il fallait laisser à ton corps un temps de repos. La prochaine séance n'était prévue que quinze jours plus tard, vers le 21 août.

– On s'en va, maman ?

– Oui, Raphaël. Nous avons le droit de partir pour deux semaines environ. Tu dois te reposer avant de revenir pour d'autres séances de chimiothérapie.

Savoir que ton départ n'était que temporaire atténuait tout de même la joie de cette sortie. Ton père est arrivé de bonne heure ce jour-là ; je le sentais fébrile, impatient de nous ramener avec lui. Nous avons décidé d'aller passer ces quinze jours dans la maison de mon père, où l'air serait plus respirable que dans notre appartement.

Ton père est descendu au bureau des admissions afin d'établir un nouveau dossier pour la convocation à la chimiothérapie suivante, il a signé le bon de sortie puis est remonté nous chercher. De mon côté, j'avais rassemblé nos affaires. J'avoue que je ne parvenais pas à être tout à fait sereine. Tu étais encore si faible, et tu avais perdu énormément de poids.

D'ailleurs, pour cette première sortie, nous t'avons installé dans un fauteuil roulant.

Une fois dans les couloirs, tu as aussitôt été attiré par une grande baie vitrée qui donnait sur les jardins, comme si tu retrouvais le chemin du vrai monde. Tu es resté là plusieurs minutes, en silence, regardant cette vie du dehors. Tu paraissais tellement vulnérable. Je ne te pressais pas, car je savais que tu avais besoin de ces instants pour reprendre tes marques. Certains enfants ont une relative facilité à s'adapter à l'univers de l'hôpital. Toi, tu avais des difficultés. Je le comprenais, même si tes silences me faisaient mal. J'aurais tellement préféré que tu nous cries tes colères, tes douleurs, ta haine même... Mais il y avait tant de tristesse, tant de renoncements dans tes regards, comme si tu n'y croyais déjà plus.

– Maman, on peut rentrer à la maison tout de suite ?

– Oui, mon cœur, tout ce que tu veux.

L'oncologue nous avait donné des recommandations pour gérer les différents effets secondaires qui pourraient se présenter dans les jours à venir. Il nous avait également procuré des ordonnances pour les premiers médicaments à acheter en cas de vomissements, de nausées, de diarrhées.

– Surveillez-le et surtout n'hésitez pas à nous appeler si vous constatez le moindre trouble, nous avait-il dit.

– Nous pourrons vous joindre directement à l'hôpital ?

– Oui, bien sûr. Si je ne suis pas là, on me contactera par téléphone. Mais ne vous éloignez pas trop tout de même. Et toi, Raphaël, prends des forces, et profites-en pour t'aérer.

J'admirais la sagesse de ces médecins qui assumaient tant de responsabilités. Ils prenaient leurs décisions en gardant à l'esprit que leurs patients étaient avant tout des enfants et ils essayaient constamment de nous réconforter.

Cependant, je le répète, j'étais inquiète. L'hôpital était un lieu où je te savais protégé et où la moindre alerte était prise en charge rapidement. Sortir me semblait dangereux : tu serais exposé à un monde rempli de germes. Saurions-nous faire face ?

*
* *

Les portes coulissantes se sont enfin ouvertes devant nous, laissant venir un parfum d'été. Que l'air du dehors était bon ! Tu avais fermé les yeux, ton visage offert à la chaleur du soleil. Nous nous sommes immobilisés quelques secondes et je me suis aperçue avec étonnement que déjà je voyais les choses différemment. Au lieu de regarder le parking et les murs qui bouchaient l'horizon, j'ai levé les yeux vers le bleu du ciel, dans lequel un nuage en forme d'oiseau semblait étirer ses ailes. Je revoyais ces après-midi d'été dans la maison de mon père : Maxime et toi passiez des heures allongés dans l'herbe à deviner ce que le vent dessinerait sous la voûte du ciel. Soudain, la vie me parut presque belle.

Pour ton premier jour de sortie, tu as voulu aller déjeuner au restaurant. Enfin une envie! Nous nous sommes empressés de la satisfaire, trop heureux de t'aider à reprendre pied dans le monde extérieur. Nous avons donc rejoint les bords du lac d'Annecy, pour jeter notre dévolu sur une petite terrasse donnant directement sur l'eau.

La vue était d'une beauté à couper le souffle. Les montagnes environnantes semblaient se jeter dans le lac et ne faire qu'un avec lui. Quelques barques de pêcheurs se balançaient langoureusement sur l'eau, bercées par les clapotis, tandis qu'au loin le château de Duingt étirait majestueusement sa silhouette vers le ciel. Nous avions commandé chacun notre plat préféré. Pour toi, ce fut un steak frites! À nous voir assis là, on aurait dit une famille normale venue profiter d'une journée d'été – mis à part bien sûr ton fauteuil roulant et ton état de fatigue. Nous avons discuté de ce que nous pourrions faire pendant ces deux semaines de vacances, du prochain retour de Maxime, de la famille. Néanmoins, nos conversations avaient du mal à retrouver leur légèreté d'avant. Nous évitions soigneusement de prononcer le mot qui nous faisait peur à tous, même si nous savions que chacun le gardait en permanence à l'esprit : le cancer... Ce repas n'a pas été le festin gargantuesque que nous aurions aimé te voir avaler. Tu t'es contenté de picorer dans ton assiette. Mais c'était un début. Comme tu n'avais pratiquement rien mangé de consistant depuis ton entrée à l'hôpital, nous étions conscients que le retour à la normale ne pourrait se faire par notre seule volonté.

Sur le coup de 2 heures nous avons repris la route, direction la maison.

Nous avons installé ton lit dans notre chambre, car nous avions bien trop peur que quelque chose ne t'arrive au milieu de la nuit et que nous ne puissions pas t'entendre. Et nous nous sommes isolés dans notre peur, recentrant le monde autour de ces murs, oubliant jusqu'à la vie du dehors à laquelle nous n'appartenions plus vraiment. L'instant présent était quelque chose que nous étions certains de pouvoir vivre.

Pourtant, là aussi, nous avons vite déchanté. Nous avions confusément espéré que tu reprendrais des forces. Mais tu restais continuellement couché à te morfondre dans le canapé du salon, en proie à des vomissements répétés et à un moral qui frôlait le degré zéro. Tes yeux gardaient une expression lointaine; peut-être étais-tu encore dans cet hôpital dont tu ne réussissais pas à te détacher totalement.

En regardant vers le jardin, je voyais les arbres dans lesquels tu grimpais quelques semaines auparavant... Ce cerisier que nous avions planté avec mon père pour ta naissance, et qui nous avait offert si souvent de beaux fruits rouges et sucrés, ces éternelles parties de cache-cache avec ton frère... Comme tout cela était loin!

Ma tante Annick est passée nous rendre visite un après-midi. J'étais très proche d'elle, les douleurs de la vie avaient tissé entre nous des liens très forts que le temps avait encore renforcés. Je savais que je pouvais compter sur elle en n'importe quelle occasion, et les derniers événements n'avaient pas démenti sa présence fidèle. Ma sœur Isabelle l'accompagnait. Cette maison était aussi la sienne, puisque mon père nous l'avait léguée à toutes les deux. Nous nous y étions souvent retrouvées pour des week-ends conviviaux autour d'un barbecue.

Cette fois cependant, la bonne humeur et la joie que nous avions connues ensemble s'étaient altérées. Je les avais tenues régulièrement au courant de ton état de santé par téléphone mais lorsqu'elles t'ont vu ainsi, fatigué et éteint, elles ont été bouleversées. Leur gaieté forcée dénotait bien leur désarroi.

Nous avons rapidement demandé à Maxime de rentrer de Bretagne. Il nous manquait beaucoup et j'espérais que sa présence t'aiderait à reprendre le dessus. Cela faisait maintenant presque trois semaines qu'il était parti, et lui aussi était impatient de nous rejoindre.

Au départ, il avait été décidé que ton père irait accueillir Maxime à l'aéroport pendant que je resterais avec toi à la maison pour t'éviter la fatigue du trajet. Seulement, malgré ta faiblesse, tu ne voulais en aucun cas louper le retour de ton grand frère ! Nous sommes donc partis tous les trois en voiture, avec le fauteuil roulant. L'avion atterrissait à 18 heures à Lyon, et nous sommes arrivés juste à l'heure. Nous avions raté la bretelle de sortie de l'autoroute, ce qui avait entraîné un bon détour. Nous avons donc dû presser le pas dans les couloirs, tout en poussant ton fauteuil. Enfin nous nous sommes retrouvés derrière les portes vitrées, essayant d'apercevoir Maxime parmi toutes les personnes qui débarquaient. Je sentais ta petite main me serrer chaque fois qu'il te semblait distinguer ton frère.

– C'est leur avion, je les reconnais ! a dit une jeune fille à côté de nous.

Nous étions parmi la foule où tant de parents, d'amis et d'enfants devaient eux aussi attendre l'arrivée d'un proche.

Enfin, je l'ai vu qui se dirigeait vers les portes de sortie. Mon Dieu, comme il avait changé ! Son visage avait perdu les rondeurs de l'enfance. Il portait son éternel jean avec le sweat que tu lui avais offert pour ses dix ans en février. Ses cheveux avaient un peu poussé. Il avait grandi, durant ces trois semaines passées loin de nous, mûri peut-être.

Je l'ai serré contre moi en pensant : « Nous sommes enfin tous ensemble... »

Quand son regard s'est posé sur toi, j'ai senti qu'il a eu du mal à cacher sa surprise. Mais il s'est repris sur l'instant et n'a pas dit un mot. Il est vrai que le contraste devait être saisissant. Tu avais perdu presque sept kilos, ton visage était blanc, creusé, et des cernes noirs s'éternisaient autour de tes yeux.

Après les embrassades, nous avons récupéré les bagages puis nous nous sommes dirigés vers le parking. Maxime avait vite retrouvé ses gestes protecteurs envers toi : il a tenu à pousser ton fauteuil jusqu'à la voiture. Le trajet de retour s'est passé dans la joie de nos retrouvailles, et nous posions mille questions à ton frère.

Aussitôt rentrés à la maison, nous avons dû le mettre au courant des différentes précautions à prendre à ton égard. Je lui ai expliqué les multiples consignes de sécurité à respecter. Les médecins nous avaient demandé de bien surveiller la moindre plaie et le moindre rhume, car un simple virus pouvait provoquer une rechute. Il nous fallait à tout prix éviter que tu te retrouves à l'isolement en unité protégée.

Passé ces premières mises en garde, votre complicité s'est à nouveau manifestée comme si rien ne vous avait jamais éloignés. Maxime avait revêtu l'armure du grand frère protecteur que je lui connaissais depuis toujours. Je me demandais s'il avait une idée exacte de ce qu'était ta maladie et des conséquences fatales qui pouvaient en découler, mais je me disais qu'il le saurait bien assez tôt. C'était un enfant, après tout. Et puis j'ignorais si tu souhaitais lui en parler. Peut-être aussi, égoïstement, ne voulais-je penser qu'aux moments que nous passions ensemble... Souvent je vous entendais par la fenêtre de la cuisine, mêlant vos paroles aux murmures de l'été. C'était tellement plus doux qu'un lit d'hôpital !

Cependant, les premiers effets secondaires de la chimiothérapie n'ont pas tardé à se montrer. Quelques aphtes sont apparus dans ta bouche, laissant pendant plusieurs heures tes lèvres enflées et douloureuses. Tu ne parlais déjà pas beaucoup mais là, même si tu l'avais voulu, aucun son n'aurait pu sortir tant la douleur devait être insupportable. Il allait donc falloir adapter le traitement pour les prochaines séances de chimiothérapie, afin d'en limiter les contrecoups.

Avais-je cru que tout cela pourrait se terminer ? C'était peut-être un désir naïf qui me protégeait, une envie de croire que la vie ne pouvait nous en imposer plus. Un peu comme ces histoires où le Bien triomphe du Mal, où l'amour l'emporte systématiquement...

Les journées n'avaient plus rien de cet air de vacances que nous nous étions imaginé. Maxime s'est pourtant révélé un véritable ange protecteur : il jouait patiemment avec toi, restait de longues heures à tes côtés, à te lire une histoire ou à te parler quand la fatigue te maintenait dans ton lit.

Un soir, alors que je finissais de ranger la cuisine, il est venu s'asseoir sur une chaise.

– Maman, est-ce que Raphaël va guérir ?

Je me suis assise près de lui.

– Je l'espère, Maxime. En tout cas, je sais que c'est important pour lui que tu sois là.

Et j'ai pris mon courage à deux mains.

– Maxime, est-ce que tu sais ce qu'a vraiment ton frère ?

Il fallait enfin le lui dire.

– Nous t'avons expliqué qu'il avait une tumeur. Eh bien, les médecins nous ont appris qu'elle était cancéreuse... Tu sais ce que ça veut dire ?

Il a ouvert de grands yeux et ses lèvres se sont mises à trembler.

– Ça veut dire qu'il va mourir ?

– Non, pas forcément. On va lui donner beaucoup de médicaments pour qu'il guérisse, et donc il faut attendre avant d'être certains. Nous devons tous l'aider, et toi aussi : en restant près de lui, tu lui fais beaucoup de bien.

– Maman, j'ai pas envie qu'il lui arrive quelque chose...

*
* *

Nous nous sommes rapidement rendu compte que la partie qui s'engageait serait rude. Le 21 août s'est présenté très vite, et nous sommes retournés à l'hôpital pour ta deuxième chimiothérapie, qui allait durer elle aussi vingt-quatre heures. En tout, sept séances de chimiothérapie, allant de vingt-quatre à soixante-douze heures, seraient nécessaires, ainsi que trente-cinq séances de radiothérapie de quelques minutes chacune. Des bilans sanguins réguliers seraient également pratiqués.

Et cela a recommencé. Perfusions, injections, bips, seringues, tubes... Mais tu avais peur. À chaque fois tu hurlais, tu te débattais, nous obligeant à te maintenir par la force. Nous devions parfois être quatre dans ces cas-là. Je n'en pouvais plus. Voir ton regard rempli de larmes me supplier était la pire des souffrances.

– Maman, aide-moi, aide-moi !

T'entendre crier comme cela me laissait totalement désemparée. Comment pouvais-je t'expliquer que tu devais vivre, et que pour cela nous étions bien obligés de te faire subir ces examens, de te donner ta chimio ? J'aurais tant voulu te faire découvrir d'autres choses, t'emmener loin d'ici, loin de ces traitements, de ces infirmières, de ces médecins, de cette maudite maladie !

– 22 –

Le mois d'août tirait à sa fin et la chaleur était toujours aussi étouffante. Nous avons fermé la maison et sommes retournés à l'appartement. La rentrée scolaire approchait, et nous devions trouver comment organiser les choses. Jusqu'alors tu avais toujours été un très bon élève, volontaire, refusant l'échec. Tes notes se situaient constamment entre 15 et 20.

Nous avions beaucoup discuté avec les médecins de l'année scolaire à venir. Si les séances de chimiothérapie ne t'empêchaient pas de reprendre l'école, la grande fatigue qu'elles provoquaient, les effets secondaires, la perte de cheveux, le regard des autres, les absences répétées étaient autant d'éléments qui ne facilitaient pas la poursuite normale d'une scolarité. Nous allions devoir gérer au coup par coup. Tu aurais certainement du mal à suivre une année entière, et certains médecins m'avaient suggéré un allégement du programme scolaire. Mais de ça, il n'en était même pas question : tu tenais à aller à l'école et à suivre les cours comme n'importe quel autre enfant. Il était très important pour toi de ne pas perdre le contact avec tes copains et d'être pareil aux autres. Ton nævus était déjà une « distinction » bien assez lourde à porter pour que tes chimios n'en rajoutent pas.

J'ai donc invité la directrice de ton école à déjeuner. Elle te connaissait déjà, puisque tu faisais partie de ses élèves depuis plusieurs années, mais je voulais m'ouvrir à elle des difficultés qui ne manqueraient pas de survenir. Naïvement, je m'attendais à ce qu'elle se montre compréhensive...

Quel choc ce fut ! Elle voulait bien t'accepter le surlendemain de la rentrée, mais refusait catégoriquement de te recevoir le premier jour, sous prétexte qu'elle ne saurait comment expliquer le problème aux autres enfants. Mais ils étaient tous au courant depuis longtemps !

Par lassitude ou peur de déranger, d'imposer aux autres nos souffrances, je n'ai pas insisté auprès de cette femme qui te reléguait parmi les indésirables.

Ce n'était pas fini. Le lendemain de ce déjeuner, bien décidée à ne pas lâcher prise, j'ai contacté la mutuelle afin de savoir s'il était possible d'obtenir une prise en charge pour un enseignant à domicile. Et là, je me suis entendu répondre que je ne me rendais « absolument pas compte » de ce que c'était et qu'imposer une scolarité à un enfant atteint d'un cancer était « totalement inhumain »... Je n'aurais qu'à rappeler le jour où j'aurais « vraiment bien réfléchi » ! J'ai reposé le combiné et je me suis pris la tête entre les mains, pleurant ce qui me restait de larmes. J'étais anéantie. Je n'y arriverais jamais. Ce n'était pas possible de se heurter à tant de bêtise et de cruauté !

Mais il fallait avancer coûte que coûte. J'ai alors pris la décision de te faire les cours moi-même. Qu'importait, nous organiserions notre temps différemment, en fonction de ta fatigue et de tes traitements. En tout cas, il était hors de question que tu ne suives pas le même programme scolaire que tes camarades. Seulement, tu étais très déçu. Suivre des leçons à la maison, cela signifiait que tu n'aurais plus de contact avec tes copains, cela revenait à te couper totalement de ce monde auquel tu t'accrochais encore. Ne te restait-il plus que l'hôpital ?

– Maman, laisse-moi y aller. J'veux pas rester ici tout le temps. J'veux être avec les autres en classe, ici j'pourrai pas travailler...

Combien de fois ai-je entendu cette supplique ?

J'ai fini par céder et le mardi 2 septembre, comme tous les autres parents, nous étions dans la cour de l'école pour accompagner nos enfants. Après tout, tu étais inscrit sur les listes, et la directrice n'avait pas son mot à dire. Maxime entamait le CM2, ce serait donc sa dernière année ici avant le collège. Toi, tu entrais en CE2.

Au fur et à mesure que nous avancions vers les panneaux où étaient affichés les noms de tes futurs copains de classe, nous sentions des regards malveillants, des chuchotements. Étions-nous coupables d'aider notre enfant ? Étions-nous des parents tyranniques et inconscients pour lui imposer cela ? Je dois reconnaître que j'ai douté de notre décision. Heureusement, quelques parents d'élèves sont venus nous dire bonjour et nous rassurer.

– Laissez dire. L'important, dans tout ça, c'est le choix de Raphaël.

Dès que la cloche a sonné, les enfants se sont regroupés par classe pour l'appel. Lorsque ton nom est arrivé sur la liste, la directrice a commenté :

– Carpentier Raphaël... Ah non, lui, il n'est pas là !

Elle n'avait pas daigné redresser la tête.

– Si, je suis là, as-tu répondu d'une toute petite voix en tendant haut ton bras.

Elle t'avait forcément entendu, pourtant elle n'a pas levé les yeux sur toi. Elle s'est contentée de poursuivre comme si tu n'existais pas... Comme si tu n'étais pas là. Comment t'expliquer cela ? Comment te dire que, cette fois, ce ne serait pas la bêtise des enfants mais celle des adultes qu'il te faudrait vivre quotidiennement ? J'avais énormément espéré de cette année, mais nous étions perdants dès le premier tour. Échec au roi...

L'année scolaire allait se dérouler ainsi, sans qu'aucun effort de la part de cette femme ne vienne te faciliter les choses. Par la suite, j'ai demandé si l'on pouvait envisager de poser dans ta classe une webcam (sorte de toute petite caméra d'à peine deux centimètres) qui te permettrait de garder le contact avec l'école quelques minutes par jour : il te suffirait de te connecter sur notre ordinateur. Mais j'ai essuyé un nouveau refus catégorique : la directrice prétextait cette fois que cela « perturberait » la classe !

J'avais l'impression de me battre contre des moulins à vent. Que pouvais-je contre quelqu'un qui refusait tout en bloc et qui avait autorité dans ce lieu ? J'aurais pu porter l'affaire plus loin, chercher à me faire entendre en élevant la voix dans les hautes sphères de l'académie, mais je n'avais pas assez d'énergie pour me lancer dans des procédures interminables.

Disons tout de même que, durant ton année de CE2, tu n'as été présent que dix-neuf heures en classe. La directrice n'a donc pas eu à te supporter trop longtemps...

Heureusement, l'Éducation nationale prend en charge la scolarité des enfants hospitalisés en envoyant sur place un ou plusieurs enseignants. Nous avions donc au CHU un instituteur, Didier, qui venait te dispenser des cours lors de tes séjours en chimiothérapie. On voyait qu'il avait l'habitude de travailler avec des enfants malades. Avec toi, il savait rester patient et faire face à tes refus de travailler, à ta fatigue. Aucune colère, aucune remontrance, aucun mot plus haut que l'autre. Nous nous étions mis d'accord sur un rythme de travail pour assimiler le programme de CE2, et il faudrait s'y tenir tant bien que mal. Les séances se passaient soit dans la chambre, soit dans une pièce de l'étage avec un autre enfant du même niveau que toi, et duraient en principe une heure quand tout allait bien. Pour les mathématiques, tu travaillais en général à partir de fiches ou sur un ordinateur portable. Quant au français, je me souviens que tu avais beaucoup de mal à retenir l'imparfait. L'écriture aussi était un problème : tes doigts se recroquevillaient et tu avais des difficultés à tenir correctement ton stylo.

Le mois de septembre a donc été rythmé par d'interminables allers et retours entre la maison et Grenoble : bilans sanguins, chimiothérapie, vomissements, coups de déprime... Je sentais l'angoisse monter chaque fois qu'il fallait nous rendre à l'hôpital, mais nous n'avions pas le choix. Le pire était que le temps n'apaisait rien, bien au contraire ; il nous faisait revivre avec les mêmes souffrances cette descente aux enfers, et il se délectait de nos larmes en nous susurrant tous les mots que tu nous disais lors de ces séances.

– Maman, je t'en supplie, laisse-moi mourir, je veux plus qu'on me touche ! Maman, aide-moi...

Un jour, l'épreuve a été trop dure pour ton père. Il est sorti de la pièce, ne pouvant supporter de te voir ainsi. Comment pouvait-il accepter de laisser son enfant mourir ? De le regarder souffrir et de rester là, impuissant et inutile ? Jamais il n'admettrait cela, et pourtant il n'avait pas d'autre solution à t'apporter que cette médecine que tu refusais à cor et à cri. C'était la première fois que je le voyais effrayé. Jusqu'à présent il s'était imposé une parfaite maîtrise de lui-même, car il voulait être la colonne vertébrale de toute la famille. Mais là, c'était trop. Il avait pris tes supplications de plein fouet.

*

* *

Fin septembre, ton état s'est dégradé. Nous sommes donc entrés à l'hôpital, mais sans savoir cette fois pour combien de temps. En quelques heures, tu étais passé du stade de la fatigue à celui d'un semi-coma, et tu ne t'es quasiment pas réveillé jusqu'au lendemain de ton admission. Ta fièvre était montée à 38,8° C.

Les tests sanguins se sont révélés inquiétants. Tu étais en aplasie, ce qui signifiait que ton taux de plaquettes était très bas et que tu pouvais avoir une hémorragie à tout moment. Tu devais absolument recevoir des transfusions de plaquettes et de sang. On t'a donc tout de suite transféré dans une pièce spéciale du service d'unité protégée : une pancarte indiquant « isolement » signalait la particularité de cette chambre et personne, hormis les parents et l'équipe médicale habilitée, ne pouvait entrer. Là, le port de la tenue complète était exigé, à savoir le sarrau, le masque et la charlotte, afin de réduire les risques de contamination bactérienne. Tout cet équipement mis au-dessus de mes vêtements était difficilement supportable. Il m'était impossible de t'embrasser, de te sentir, moi qui m'accrochais tant à tous ces contacts charnels qui me donnaient l'impression que tu étais encore avec nous.

Une infirmière est venue m'expliquer en quoi consisteraient les transfusions. J'ai alors pris conscience que de nombreuses personnes que je ne connaîtrais jamais allaient te permettre de vivre. Un don de sang est un don de vie et ne prend que quelques instants, pourtant je ne m'étais jamais posé la question avant ce jour. Avant que nous en ayons besoin...

À son tour, le médecin est venu nous voir. Il nous a rappelé qu'il y avait des risques.

– Vous savez, les transfusions ne sont pas quelque chose d'anodin. Quelquefois le patient peut avoir, pour une raison ou pour une autre, une réaction que nous n'attendions pas. Cela peut être une réaction allergique, voire même un rejet par le corps de ce sang étranger. Il faut donc rester attentifs.

Et tu t'es retrouvé accroché à un sac contenant ce liquide de couleur noirâtre qui s'écoulait doucement dans tes veines, te redonnant un peu de rose aux joues au fur et à mesure qu'il se répandait. La vue de cette poche de sang te dégoûtait. Tu fermais les yeux pour ne pas apercevoir cet étranger qui prenait place en toi.

Les premiers jours ont été pénibles. Les médecins avançaient sur une corde raide, modifiant leurs décisions au fur et à mesure de tes réactions. N'y avait-il pas trop d'effets secondaires ? Les doses prescrites n'étaient-elles pas trop fortes, ou trop faibles ? Réagissais-tu correctement ?

Évidemment, une des conséquences de la chimiothérapie était l'inévitable perte de tes cheveux. Ils ont commencé à tomber petit à petit, comme des feuilles d'automne qui venaient te chatouiller le nez et la bouche. Tu n'y prêtais pas attention... Et puis il y a eu cette fois où, en passant ta main dans tes cheveux, tu t'es retrouvé avec une mèche dans les doigts. Nous t'avions parlé de ce qui allait arriver, mais y faire face n'était pas facile.

– Maman, mes cheveux... Ils tombent tous, m'as-tu dit d'une voix tremblante.

– Un peu mais pas beaucoup, mon ange... ai-je répondu pitoyablement en me détournant pour ne pas te montrer mes larmes.

Encore une chose que la maladie te prenait pour la suspendre à côté de ses autres trophées...

Tu avais changé. Tes yeux avaient une expression que je ne leur connaissais pas. Ils me semblaient immenses au milieu de ton visage amaigri. Ce n'était plus un regard d'enfant, et je n'y trouvais plus ces petites pépites de bonheur qui, avant, brillaient tout au fond. Tu avais également perdu beaucoup de kilos.

Ton médecin, Fanny, t'a proposé de mettre une casquette ou un bonnet, mais rien ne pouvait remplacer tes cheveux. Tu avais tellement honte de ton apparence que tu t'es remis à te réfugier sous les draps dès que la porte de ta chambre s'ouvrait. Ton comportement me gênait un peu vis-à-vis de tout le personnel, mais je ne pouvais en aucun cas te juger. Tu étais le seul à devoir faire face aux regards des autres.

Quand je jetais un œil au-dehors, les rares fois où je sortais prendre mon petit déjeuner ou me dégourdir les jambes dans les couloirs inférieurs, tout ce que je voyais me paraissait irréel. Un monde auquel ta survie était indifférente. Le ciel était trop bleu, le jour trop lumineux, la vie trop exubérante. Les silhouettes qui marchaient dans les allées au-dessous n'étaient que des ombres. Plus loin, dans les rues, le facteur se demandait simplement le temps qu'il ferait demain, et la maîtresse de maison quel dîner elle préparerait. Il me prenait des rages soudaines, j'aurais eu envie de leur hurler tes peurs, de crier que ni eux ni les autres n'avaient de réels problèmes. Ils rentreraient le soir dans leur petit appartement, parleraient de leur journée, mangeraient, regarderaient un film diffusé sur une chaîne quelconque puis iraient se coucher. Le lendemain serait un autre jour identique au précédent, où il leur suffirait juste de vivre. Comme j'enviais leur quotidien !

Tu es resté neuf jours en isolement, neuf jours très difficiles. J'avais chaque soir Maxime au téléphone et nous passions de longues minutes à parler de tout et de rien : ses copains, ses notes, ses devoirs, les mots à signer pour l'école... Nous nous accrochions à l'heureuse banalité de ces discussions. Un week-end, Maxime a accompagné ton père venu nous rendre visite, mais le port de la tenue complète et surtout du masque le gênait beaucoup, il avait du mal à respirer.

– Je suis vachement content de te voir ! t'a-t-il déclaré en te serrant doucement contre lui.

Ces journées d'enfermement m'avaient paru des siècles. Nous étions debout à 6 h 30 et je devais attendre 8 h 30 pour aller prendre mon petit déjeuner. En général, je ne m'absentais que dix minutes, le temps d'avaler un café et une tartine beurrée, puis je retournais directement dans la chambre. C'était mon seul repas de la journée. Pour toi, manger était impossible. Peut-être par refus silencieux d'accepter ces lieux, cette maladie… La seule manière qui te restait pour ne pas avoir l'impression de poser tes valises dans cette pièce et de glisser totalement vers le vide. Durant toutes les périodes d'hospitalisation, tu n'as jamais pris un seul repas à l'hôpital. Au plus mal, tu es descendu jusqu'à vingt kilos huit cents. Les médecins t'avaient bien prévenu que la sonde d'alimentation te serait imposée en deçà de vingt kilos… Mais tu n'as jamais franchi cette limite, même si tu la frôlais. Pourtant les infirmières n'ont jamais baissé les bras. Chaque jour, à chaque repas, elles te déposaient ton plateau pour entendre invariablement la même réponse :

– C'est pas la peine, non merci. J'en veux pas.

– 23 –

Le 6 octobre, seulement quatre jours après notre sortie de l'isolement, tu es retourné faire une nouvelle chimiothérapie – toujours dans le service de l'unité protégée mais, contrairement à l'isolement où la tenue complète était exigée, seul le port du sarrau y était obligatoire. Je commençais à connaître le chemin. Nous partions tous les matins à l'hôpital et rentrions le soir à l'appartement où ton frère et ton père nous attendaient. Et chaque fois que nous poussions la porte de l'appartement je devinais leur soulagement : tu étais revenu.

Maxime, qui n'avait que dix ans, ne pouvait pas toujours venir te voir, et nous nous efforcions de l'apaiser autant que possible. Il faisait très souvent des cauchemars où les mêmes peurs revenaient. Il rêvait qu'il se trouvait sur une immense étendue, tenant la main de ton père ainsi que la mienne. Et toi tu étais là, derrière nous. Nous avancions, mais nous n'arrivions pas à attraper la main que tu nous tendais et la distance ne cessait de s'agrandir sans que tu puisses nous rejoindre. Il se réveillait toujours à cet instant, en nage et le regard apeuré. Je le récupérais tremblant, recroquevillé dans son lit, et il me fallait un long moment pour réussir à le rassurer. Petit à petit, les sanglots s'espaçaient.

Maxime... Il avait tant de raisons d'être vulnérable. Pour compenser, il revêtait son armure de grand frère indestructible, constamment à ton écoute et si soucieux de toi. Il avait beaucoup grandi et par la stature, le regard, il ressemblait de plus en plus à ton père. On sentait se dessiner un petit homme derrière sa silhouette : il poussait en hauteur, mais également en douceur et en maturité. La première chose qu'il faisait, dès qu'il avait franchi la porte de l'appartement, était d'aller te voir.

– Ben alors, mon Raphaël... Ça va pas ?

Et il passait le reste de la soirée près de toi, à te parler de l'école, des copains, de musique, de jeux vidéo, à te raconter des blagues pour te faire sourire... Son cœur faisait l'idiot, mais que c'était bon d'entendre votre complicité !

De mon côté, j'essayais de reconstruire à la maison une vie « normale » par de petits détails. Vaille que vaille, bien que les repas ne soient plus un moment d'échange, vu ton dégoût pour la nourriture, je tâchais de les rendre conviviaux. Et comme tu te couchais très tôt à cause de la fatigue, je passais de longs moments avec toi avant que tu t'endormes. En général, tu t'allongeais sur ton lit et je te massais le dos, là où le curetage avait laissé place à des poils. J'avais appris à les aimer et ils faisaient à présent tellement partie de toi que je ne t'imaginais pas autrement. Ces minutes étaient propices à la discussion et étaient devenues un rituel.

Tu parlais de ton cancer avec des mots d'enfant et d'adulte à la fois.

– Maman, ça serait un super rêve si mon nævus pouvait disparaître ! Tu te rends compte ? Ça voudrait dire que je serais plus malade !

– Tu sais, si je pouvais te donner de ma peau à la place, je prendrais ton nævus en entier, sans hésiter.

– Non. C'est moi qui l'ai, alors c'est moi qui le garde. Et puis si j'avais pas mon nævus, tu n'aurais plus ton « petit coin de paradis », comme tu l'appelles quand tu me masses !

*
* *

Mi-octobre. Tu allais en venir à la phase de radiothérapie, traditionnellement associée à la chimiothérapie. Elle consiste en un traitement de radiations ciblées, délivrées sur une zone très précise (du cerveau et de la colonne vertébrale en l'occurrence) préservant au maximum les tissus sains. Malgré tout, les cellules saines ne sont pas toujours épargnées en totalité. On nous avait prévenus que tu aurais des séquelles au niveau de la mémoire, de la concentration, de l'orientation... Mais comme pour le reste, nous n'avions pas le choix.

Nous avions rendez-vous au CHU de Grenoble avec la neuropsychologue qui devait te faire passer différents tests avant que la radiothérapie ne commence. Ce serait le début d'une longue série de contrôles destinés à évaluer tes capacités de mémorisation et de concentration, pour connaître par la suite les séquelles éventuelles et décider des orientations scolaires et de la rééducation nécessaires. Comme je n'avais pas le droit d'être présente durant ces examens, j'ai occupé les trois quarts de mon temps, assise dans les couloirs, à observer les allées et venues. Je voyais beaucoup de mères accompagnant leurs enfants. Femmes élégantes ou simples ouvrières, elles se ressemblaient toutes, la même angoisse, les mêmes larmes, les mêmes peurs.

L'attente était insoutenable. Mon dos me faisait souffrir, j'avais mal à la tête à force d'emmagasiner toute ma peine. C'est peut-être pour cela qu'aujourd'hui je ne supporte plus le moindre retard, la moindre file d'attente.

Après la neuropsychologue, un radiothérapeute nous a reçus afin de déterminer la région à irradier, la position que tu devrais prendre pendant le traitement ainsi que la technique à utiliser. La dose de rayons devrait être fractionnée en trente-cinq séances de quelques minutes chacune, étalées sur plusieurs semaines, certainement d'octobre à décembre. Ces séances se déroulaient dans le corps principal de l'hôpital, le bâtiment des enfants en étant séparé.

L'une des difficultés du traitement est la position qu'il faut garder pendant l'irradiation, car le moindre mouvement risque de léser le cerveau de façon irrémédiable. Il a donc fallu te fabriquer un masque de résine moulé à même le visage durant de longues heures. Le but était d'obtenir un second visage absolument parfait qui te maintiendrait immobile durant les séances de radiothérapie. Mais pour en arriver là, on doit faire ramollir des plaques de résine dans de l'eau bouillante, puis les appliquer encore très chaudes sur le visage. Les ouvertures du nez, des yeux et de la bouche ne sont donc pas encore formées à ce moment précis, d'où une sensation d'étouffement...

Ces souvenirs-là ne s'effacent pas. Tes cris, tes larmes, tes mots, tout me revient sans cesse, comme un martèlement continu. Je garde aussi le souvenir de René, le technicien. Sa douceur, sa patience, son refus de forcer les choses quand il te voyait pleurer... Je tiens à le remercier pour tout cela.

Mais ce n'était pas fini. Un nouveau problème s'est posé dès le début. Les techniciens pouvaient bien sûr définir au millimètre près la zone à irradier mais, outre sur la tête, ils seraient forcés d'intervenir le long de ta colonne vertébrale à cause des disséminations possibles. Or il y avait ton nævus à cet endroit précis, et ils avaient peur que l'exposition aux rayons ne déclenche plus tard un cancer de la peau. N'ayant jamais été confrontés à ton cas de figure, ils ne pouvaient en maîtriser les conséquences exactes. Les rayons allaient soigner ton cancer mais pourraient en contrepartie provoquer une réaction tout aussi néfaste. Parallèlement, ne rien faire t'exposait à un trop grand risque de rechute...

On nous demandait donc de choisir entre cancer de la peau et cancer du cerveau ! Où était le choix ? En avions-nous seulement un ? Aujourd'hui que je relis ces lignes, je me dis que personne ne peut imaginer la réalité de ce qui nous arrivait. Un mauvais roman, une histoire pour faire pleurer dans les chaumières... Mon Dieu, comme je préférerais cette version des faits, comme j'aimerais que rien n'ait été vrai !

Déconcertés par ton cas, les médecins ont décidé de soumettre ton dossier à leurs confrères français et étrangers, lors d'un colloque qui devait se tenir à Paris quelques jours plus tard. Mais aucune certitude n'en est ressortie. Personne ne savait vraiment ce que l'irradiation de ton nævus pouvait entraîner. De notre côté, nous avions contacté des médecins spécialistes du nævus que nous avions connus. Leurs réponses étaient identiques :

– Vous n'avez pas d'autre solution. Il faut soigner ce cancer aujourd'hui et donc faire de la radiothérapie. Si un cancer de la peau apparaît plus tard, il sera bien assez temps de le gérer à ce moment-là...

Nous avons ainsi dû avancer dans le brouillard : nous n'avions pas le temps d'attendre.

Et le cycle infernal s'est enclenché. Chaque jour, nous nous rendions dans le bâtiment principal du CHU de Grenoble pour les séances de radiothérapie. Et chaque jour j'avais l'impression de ne pas te sauver. Toutes ces minutes où les rayons étaient censés détruire tes éventuelles cellules cancéreuses me détruisaient moi aussi à petit feu. J'avais peur. Une peur sourde et silencieuse qui ne me quittait pas. De quoi seraient faits tes lendemains ? Quand tant de parents dessinent un avenir pour leur enfant, j'étais incapable de me projeter dans le futur. Comment expliquer ce que je ressentais ? Je ne saurais même pas le faire aujourd'hui. Contrairement à beaucoup de gens, je nous voulais vieux, ton père et moi, les cheveux grisonnants et d'innombrables sillons autour des yeux, nous retournant sur nos vies et songeant avec bonheur : « Ils sont heureux, nous y sommes parvenus. »

Le désespoir n'était pas loin, mais je m'accrochais.

Toi, en revanche, tu n'avais plus envie de te battre. Certains jours, tu n'avais même plus la force de parler. Les séances de radiothérapie et les bilans s'enchaînaient, te laissant toujours plus épuisé, vidé. Nous ne pouvions rien faire pour toi si tu ne le voulais pas toi-même, et je m'apercevais que tout cet acharnement te paraissait inutile, comme perdu d'avance. À quoi bon...

– Maman, je veux plus ! Ça fait trop mal. Je suis trop fatigué. Je veux plus qu'on me touche. Maman, dis-leur de me laisser mourir, s'il te plaît...

– Mon ange, il faut que tu te battes ! Tu dois vivre, je t'en prie. Si tu ne nous aides pas, nous ne pourrons pas y arriver. Raphaël, je sais que tu t'en sortiras, il y a encore tant de choses que tu dois vivre...

– Ça sert à rien, maman. Et puis tu peux pas comprendre. Yves, lui, il me comprendrait. Il aurait su...

Cela faisait deux ans que mon père était décédé. Il avait été tellement proche de toi. Je me souvenais de ses souffrances, de son refus de continuer quand, proche de la fin, il m'avait dit :

– Je suis fatigué, ma petite fille, ne m'en veux pas. Je voudrais me reposer maintenant. J'ai déjà parcouru un long chemin et le temps qui me reste aujourd'hui me semble inutile. Je suis trop vieux désormais et je n'en peux plus.

Mais toi, tu n'étais pas vieux ! Ce n'était pas dans l'ordre des choses que tu t'en ailles. Ce n'était pas à moi de te tenir la main en te regardant partir. Pas mon enfant ! À cet instant je me retrouvais là, assise près de toi, et l'idée de pouvoir te perdre me glaçait d'effroi. Je ne pourrais jamais le supporter.

Je n'avais jamais imaginé qu'un jour mon propre enfant puisse me demander de le laisser mourir. Ton petit corps abandonnait la lutte et moi je voulais la vie. Je revendiquais la vie ! Tu ne pouvais pas baisser les bras, pas maintenant. Il fallait que tu trouves une envie de lutter, de te battre encore. Mais je ne savais plus. Les mots que je te disais semblaient se fracasser contre un mur inaccessible, et tout cet amour déposé dans tes bras ne te portait plus.

Alors, que pouvais-je faire ?

*
* *

La psychologue de l'hôpital, cette jeune femme qui avait essayé de me faire parler lorsqu'on nous avait annoncé ton cancer, m'a demandé de venir la voir quelques minutes dans son bureau car elle n'arrivait pas à établir de discussion avec toi.

C'était une pièce assez banale. Aucun canapé où s'allonger, juste deux fauteuils à peine confortables. Accrochée au mur, une affiche représentant un enfant assis sur ce que l'on imagine être le rebord du monde, regardant l'immensité qui l'entoure.

En voyant cette femme si jeune installée devant moi, vêtue de sa blouse blanche, je me suis demandé si elle avait des enfants. Que pouvait-elle comprendre de mes peurs ? Que pourrait-elle me dire ? D'accepter, de me faire une raison ? De faire confiance à la vie ? Que je devrais me préparer à te perdre ?

La douleur m'enserrait, et tout à coup elle a explosé. Je me suis entendue cracher ma haine contre « cette putain de maladie », et je laissais mes larmes couler dans ce bureau impersonnel. À quoi cela me servait-il de lui parler de toi ? Pourrait-elle changer les choses, te ramener vers nous ? Je n'y croyais guère, mais je n'avais plus que cela pour me laver de mes peurs.

Je suis ressortie de ce bureau plus anéantie encore. Je n'avais pas obtenu de réponse, mais je m'accrochais à ce qui me restait, une phrase qu'un médecin m'avait dite au début de ta maladie :

– Donnez-lui de l'espoir, c'est la seule chose qui pourra le maintenir en vie...

De retour dans ta chambre d'hôpital, je me suis souvenue d'une phrase de Paul-Émile Victor que j'avais lue quelque part : « Les rêves n'ont de valeur que s'ils se réalisent. » À présent, je savais qu'il nous fallait trouver un but pour que tu te battes. Il te fallait de l'espoir, cette saleté d'espoir qui pouvait tous nous porter bien au-delà de ce que nous osions imaginer. C'était peut-être cela qui te manquait.

Ton rêve ? Tu m'avais confié récemment :

– Si j'avais une baguette magique, j'aimerais pouvoir faire en vrai un de mes rêves, juste une fois. Je sais comment ce serait parce que j'y ai déjà pensé plein de fois.

– Ah bon ? Dis-moi.

– En fait, ce serait de voir Johnny Hallyday. Tu sais, le chanteur. Ça arrivera jamais, mais bon...

Pouvoir un jour faire sa connaissance... Pourtant, « Johnny » n'était pas du tout de ta génération. Ton père, lui, l'adorait. Il avait assisté à l'un de ses concerts alors qu'il avait à peine quatorze ans ! Quant à moi j'aimais bien sans être une fan inconditionnelle, disons que la maison ne vibrait pas constamment au son de ses musiques. Mais pourquoi pas, après tout, si cela pouvait t'aider à tenir ? À partir de là, je n'avais eu qu'une seule obsession : trouver un moyen d'exaucer ce désir.

Après bien des recherches sur Internet, j'étais tombée sur le site de l'association Arc-en-Ciel [1], dirigée par Alain et Monique Nesme, et dont le but est de permettre à des enfants malades de réaliser leurs rêves. J'ai aussitôt laissé un message expliquant notre situation. J'évitais de nourrir trop d'espoir, car évidemment j'avais peur d'être déçue. Je me sentais pourtant fébrile, impatiente, suspendue à leur réponse comme si ma vie et la tienne en dépendaient. Je n'étais pas si loin de la vérité, à vrai dire. Depuis, le temps avait passé sans plus de nouvelles, si ce n'est un simple message où Alain et Monique nous promettaient de faire tout leur possible.

Et jusqu'à ce jour chez la psychologue, plus rien.

Le soir, en rentrant à Annecy, je me suis arrêtée devant l'église Saint-Maurice. J'ai ouvert la lourde porte sculptée et je suis entrée. Cela faisait bien longtemps… La messe du soir était terminée et seul le silence emplissait les lieux.

Je me suis lentement avancée vers une petite table où étaient posés des cierges. Je voulais en allumer un pour toi. Un simple bâton de cire qui réchauffait mon cœur, au bout d'une flamme où ton visage dansait. Je me suis ensuite assise sur un banc, la tête courbée, les yeux fermés,

1. www.arc-en-ciel.com

suppliant le Ciel, les anges et tous les saints comme je crois ne l'avoir jamais fait auparavant. Je me trouvais un peu stupide : j'étais si rarement venue dans une église autrement que pour un baptême ou un mariage ! Autrement dit : jamais dans l'unique intention de prier. J'avais l'impression que je n'avais pas le droit de demander quoi que ce soit juste parce que aujourd'hui ma vie s'écroulait. Et pourtant je crois que, dans ces instants-là, on se tourne vers Dieu comme s'il était Le seul à regarder nos pleurs sans nous en vouloir de ne pas avoir poussé sa porte plus tôt.

Un son d'orgue est alors monté du premier étage, l'*Ave Maria* de Bach. Quelques accords descendant de la tribune pour emplir la nef. Les premières notes ont emporté mes larmes avec elles dans l'immensité de ce lieu, s'élevant comme pour mieux faire grandir ma supplique. *Seigneur, donnez-lui la force de vivre encore...*

J'ai dû rester là assez longtemps. Lorsque je suis ressortie de l'église, il faisait nuit. Malgré l'heure tardive, de longues files de véhicules se serraient les uns contre les autres au milieu des voies ; malgré le froid, les rues piétonnes étaient bondées de personnes avides de jouir de chaque seconde. Je regardais ces vies défiler, ces bonheurs tellement simples que je n'avais pas su apprécier quand ils se trouvaient à ma portée. Avant...

J'ai traversé la rue, rejoint le parking de l'hôtel de ville où je m'étais garée, et je suis rentrée à l'appartement.

Le Ciel avait dû prendre le temps d'écouter mes prières et de se pencher un peu sur nous par le biais d'Internet.

Au milieu de deux messages de familles nous demandant des renseignements sur le nævus, nous en avions un de l'association Arc-en-Ciel...

J'ai tout de suite appelé ton père qui préparait le dîner dans la cuisine. Lorsqu'il est arrivé, j'ai ouvert le message : Alain Nesme me laissait ses coordonnées personnelles et nous invitait à prendre contact avec lui, ce que j'ai fait sans plus attendre. Ton père avait mis le haut-parleur du téléphone.

– Bonsoir, je suis Barbara, la maman de Raphaël. Je vous rappelle suite à l'e-mail que vous m'avez laissé dans la journée...

– Oh oui, Barbara, bonsoir ! Voilà, je vous téléphonais pour une simple question : avez-vous quelque chose de prévu avec Raphaël le 6 novembre, c'est-à-dire dans huit jours ? Parce qu'il me semble qu'un certain Johnny Hallyday vous attendra à Lyon pour passer la soirée avec lui lors de son prochain concert. Barbara... Allô ? Vous m'entendez ?

Oui, je l'entendais. Mais mon visage n'était que larmes de joie.

– Merci... je... merci. Je ne sais pas comment vous remercier... Je peux en parler à Raphaël ?

– Bien sûr ! Vos places sont réservées, vous n'avez rien à faire si ce n'est vos bagages. Écoutez, allez l'annoncer à Raphaël. Je vous rappellerai demain dans la matinée pour vous donner tous les détails. En attendant, bonne soirée à vous tous. Au revoir.

– Au revoir. Mais... du fond du cœur, merci... Raphaël avait vraiment besoin d'espérer à nouveau. Vraiment merci, merci... Et bonne soirée à vous aussi.

Je n'ai pas pu me lever tout de suite. Je n'arrivais pas à y croire ! Je me suis simplement tournée vers ton père. Des larmes coulaient le long de ses joues, à lui aussi.

– Viens, allons voir Raphaël.

Ton père a poussé la porte de votre chambre. Tu étais là, allongé sur ton lit, tenant ton fidèle doudou contre toi. Tu avais des cernes sous les yeux et ton petit corps était perdu dans ce pyjama qui paraissait tellement trop grand. Maxime, assis par terre, le dos contre ton lit, était en train de te lire une histoire. Tu réclamais toujours le même livre : *Le Petit Prince*, de Saint-Exupéry.

Vous avez levé les yeux vers nous en même temps, étonnés de nous voir tous les deux immobiles dans l'embrasure de la porte.

– Raphaël, je crois que ce soir tu vas pouvoir faire d'immenses rêves, t'a dit ton père avec un sourire radieux.

– Pourquoi ? On va déjà dormir ?

– Non, pas vraiment, ai-je continué. En fait, on vient de nous téléphoner pour nous annoncer une grande nouvelle. Tu te souviens de ce rêve dont tu m'avais parlé ?

– Oui. Rencontrer Johnny Hallyday !

– Eh bien tu sais, parfois les rêves deviennent réalité, c'est un peu comme un cadeau de Noël en avance. Et c'est ce qui va se passer pour toi. Dans une semaine, tu vas pouvoir rencontrer la personne que tu admires depuis si longtemps. Tu vas passer une soirée avec Johnny Hallyday à Lyon...

Tes yeux. Je me souviens juste de tes yeux. Parce que tout à coup le reste n'existait plus. Ta maladie n'était plus là, la peur s'était éteinte et l'enfance était revenue. Le monde était si beau, vu dans le reflet de tes pupilles...

– 24 –

6 novembre. J'avais dû calmer ton impatience pendant une semaine. Et voilà, nous y étions...

La journée avait débuté très tôt. Elle avait commencé comme d'habitude par une séance de radiothérapie et un bilan sanguin à l'hôpital de Grenoble, ainsi que le prévoyait le protocole. Nous ne pouvions faire l'impasse sur vingt-quatre heures de soins. Tu n'avais rien mangé depuis plusieurs jours et je ne savais plus par quel miracle tu tenais encore debout. Les médecins s'inquiétaient de ta faiblesse, eux aussi. Exceptionnellement, nous ne prendrions les résultats de tes examens que le lendemain matin, pour ne pas perdre de temps.

Nous devions en effet nous dépêcher car nous avions rendez-vous en bas de notre immeuble à 15 heures, avec Alain Nesme, qui nous conduirait à Lyon. Maxime aussi aurait aimé faire partie du voyage.

– Il a de la chance, Raphaël.

– Non, mon garçon, il n'a pas tant de chance que ça...

Vers 14 heures, de retour chez nous, tu as réclamé mon portable dans lequel la ligne directe de ton médecin était enregistrée. « Je voudrais l'appeler », c'est tout ce que tu m'as dit. J'étais en train de préparer nos affaires, car nous devions passer la nuit à Lyon, et je t'ai laissé faire, une oreille à l'écoute quand même.

– Bonjour monsieur, c'est Raphaël à l'appareil. Oui, ça va... Je voulais juste savoir comment était mon bilan. Je ne manque pas de plaquettes ? Ni d'hémoglobine ?

Rien n'était à la bonne place. Tu n'avais pas encore huit ans et, au lieu de parler de Play Station avec un copain, tu discutais bilan et aplasie avec ton médecin. Une maturité acquise à prix d'or et dont je me serais bien passée.

– Alors je peux embrasser Johnny ? Merci docteur... Oui, promis, je lui dirai. Au revoir.

Je me suis arrêtée pour te regarder un instant. J'étais presque heureuse.

Alain Nesme était un homme d'une cinquantaine d'années. Son visage aux traits affirmés s'harmonisait parfaitement à sa grande courtoisie. Le contact s'est fait naturellement, sans justification de ton état. Il n'était là que pour toi, pour ton rêve. Tu avais mis ta grosse doudoune bleue en plumes d'oie pour avoir chaud. Ce vêtement dissimulait un peu ta maigreur mais ton visage, lui, ne pouvait cacher ton état de fatigue. Tu n'avais quasiment plus de cheveux et tu étais très affaibli. Moi non plus, je n'avais pas fière allure. Ces dernières semaines, j'avais fondu à vitesse grand V. Ton père ne venait pas : un seul de nous deux pouvait t'accompagner, et il avait insisté pour que j'y aille, me disant qu'il serait heureux de me savoir près de toi.

Le trajet en voiture jusqu'à Lyon nous a pris un peu plus d'une heure, durant laquelle nous n'avons cessé de parler de cette rencontre avec Johnny Hallyday, de ta vie, du travail de l'association Arc-en-Ciel. Vers 16 h 30, nous sommes enfin arrivés. L'hôtel dans lequel nous sommes descendus était absolument magnifique. Tu trépignais d'impatience dans la chambre et ne trouvais rien à faire qui puisse te rendre le temps moins long jusqu'à l'heure du concert. Te reposer était hors de question, mais tu as quand même accepté de prendre un bain afin d'être le plus beau pour le grand soir. Nous sommes repartis vers 18 heures. Tu étais sur ton trente et un, chemisette blanche (que nous avions achetée pour l'occasion), pull gris chiné et pantalon de velours.

– Tu es magnifique, mon ange !

– Toi aussi maman, tu es très belle... On va pas être en retard, tu crois ?

– Non, ne t'inquiète pas, nous sommes même un peu en avance.

À 18 h 30, nous étions à la halle Tony-Garnier, où nous avons attendu l'arrivée de Johnny dans une salle située près des coulisses. Ce monde du spectacle était nouveau pour nous, mais chaque personne, de l'éclairagiste au service de sécurité en passant par la maquilleuse, a pris du temps pour toi. Tu commençais à accuser la fatigue. Ton teint était très pâle, presque bleu. Tu passais ton temps à guetter l'arrivée des voitures, sentant l'angoisse monter à mesure que le temps défilait.

– Maman, j'suis sûr qu'il a oublié le concert sinon il serait déjà là. Maman, j'veux rentrer. J'suis trop fatigué...

Et tout à coup, plusieurs voitures aux vitres teintées sont arrivées en trombe devant la fenêtre. Tu as bondi sur tes pieds, la fatigue était oubliée ! J'avais l'impression d'être dans un film américain : au milieu de plusieurs gardes du corps qui étaient sortis et montaient les marches jusqu'à la porte, nous avons distingué Johnny et Laëticia...

Quelques minutes plus tard, Johnny est entré. Je m'étais mise légèrement en retrait, et je te regardais sourire comme tu ne l'avais pas fait depuis tellement longtemps. Ton regard se noyait littéralement dans celui du chanteur, s'abreuvant de ce bonheur auquel tu ne croyais plus.

Il s'est penché vers toi pour t'embrasser. Et je l'ai vu se détourner quelques secondes, les yeux embués.

– Bonjour Raphaël, je suis heureux de te connaître.

– Moi aussi, je suis vraiment content...

Laëticia, sentant l'émotion gagner tout le monde, a pris les choses en main et t'a proposé d'ouvrir les cadeaux de Johnny : tee-shirt, CD, DVD, ainsi que ton « *pass VIP* » ! Tu as offert les tiens en retour : un briquet de notre association, un tee-shirt, un porte-clés, sans oublier surtout de faire dédicacer la guitare que nous avions apportée et sur laquelle tu as eu droit à une belle signature : « *À mon ami Raphaël, Johnny Hallyday* ». Alain a ensuite expliqué à Johnny qu'il fallait que tu manges un peu afin de reprendre quelques forces. Qu'à cela ne tienne, Johnny nous a demandé de nous diriger vers un magnifique buffet dressé dans une autre pièce pendant qu'il allait se changer. Gentiment, Laëticia est restée avec nous à discuter autour d'une table. Puis elle est partie rejoindre son mari, et peu après des personnes du staff sont venues nous chercher : le spectacle allait bientôt commencer.

La salle était immense. Une marée humaine scandait le nom de son idole tandis que les musiciens s'installaient sur la scène inondée de centaines de lumières. C'était assez impressionnant. Malheureusement, on nous a installés derrière la sono, sur le côté gauche. En résumé, nous n'allions pas voir grand-chose. Dommage. Je m'inquiétais également du bruit car, à cet endroit, la musique allait être insoutenable. Je te sentais un peu déçu, mais tu n'as rien dit : être là était déjà magnifique.

Les lumières se sont éteintes. Une minuscule lueur de lampe torche s'est alors approchée de nous : c'était Laëticia, accompagnée de deux gardes du corps. Elle nous a demandé de les suivre vers d'autres places, un peu plus haut, où nous serions bien mieux installés. Tu étais étourdi par cette foule immense qui essayait de toucher la jeune femme, hurlait son nom, tendait les bras pour l'effleurer. La distance à parcourir n'était pas très grande mais c'était une sensation vraiment spéciale, une sorte de flottement qui nous transportait. Laëticia t'a assis sur un fauteuil juste à côté d'elle. Cet ange blond envoyé par le Ciel s'inquiétait continuellement de savoir si tout allait bien, si tu n'étais pas trop fatigué, si tu voyais bien la scène. Enfin, Johnny est apparu...

Le concert a débuté par *Que je t'aime*, j'ai alors senti ta petite main prendre la mienne et me serrer comme si tu voulais me faire ressentir la force de ton amour. J'ai tourné mon visage vers toi. Ton profil se détachait dans les lumières comme si le Ciel avait prêté sa Grâce au visage d'un enfant. Tu avais les yeux grands ouverts et, dans la pénombre, des millions d'étoiles se reflétaient dans ton regard. On m'a toujours dit qu'une nuit remplie d'étoiles était le signe d'une belle journée le lendemain. Ce soir-là, je voulais vraiment y croire.

Juste avant la fin du concert, les gardes du corps nous ont escortés devant la scène pour la dernière chanson. Laëticia t'entourait de ses bras. En vous voyant tous les deux, on aurait dit que vous regardiez votre Dieu descendre sur Terre... Puis nous sommes passés derrière la scène pour y attendre Johnny. Quelques minutes plus tard, alors que la foule scandait son nom, nous l'avons vu arriver vers nous, trempé de sueur. Dès qu'il t'a aperçu, il s'est précipité sur toi pour t'embrasser, en oubliant la fatigue de ses deux heures de spectacle.

– J'espère que tu as entendu, j'ai chanté ta chanson préférée !

– Oui, c'était vraiment génial. Merci. Maman aussi, elle a aimé.

– Super, mais maintenant c'est à toi de faire quelque chose pour moi. Tu vas me promettre de manger un morceau car nous allons passer un peu de temps ensemble avant que je ne reparte et je veux que tu aies repris des forces. Tu me promets ?

– Oui, juré.

– D'accord. Alors je vais me changer. Pendant ce temps tu en profites pour grignoter quelque chose, OK ? Je te vois juste après, on aura encore plein de choses à se raconter. À tout à l'heure, Raphaël, et surtout n'oublie pas : tu dois manger !

Les gardes du corps ont emporté le chanteur dans le quatre-quatre noir. Celui-ci a disparu de notre vue en quelques secondes, pendant qu'on nous conduisait vers les loges pour l'attendre. Et bientôt nous l'avons vu reparaître, enfin détendu et plus serein.

Ce soir-là, j'ai découvert un homme attentionné et sensible, prévenant, bien loin de l'icône médiatique *rock and roll*. Un homme que je n'imaginais pas. Je m'attendais à une star inabordable et lointaine, j'ai rencontré quelqu'un de bien différent. Johnny cherchait sans cesse à te faire plaisir : il est allé jusqu'à remuer ciel et terre pour te trouver les Mars dont tu avais envie, malgré l'heure tardive ! Il a fini par en trouver un paquet entier. Ce précieux cadeau trône encore sur le buffet de notre salon, comme un objet qui pourrait faire pâlir le trésor de Toutankhamon... Cependant, tu mets toujours un point d'honneur à signaler que, s'il t'est impossible d'en offrir un seul, c'est parce que la date de péremption est dépassée depuis trop longtemps. Ouf, sauvé pour toi !

La soirée s'est terminée sur la promesse de se revoir et celle que Johnny te fit faire : celle de reprendre des forces pour guérir.

Il était presque 2 heures du matin lorsque nous avons rejoint l'hôtel. Tu avais des cernes noirs autour des yeux mais ton visage rayonnait. En te regardant, je me suis dit : c'est cela, le bonheur.

Tu gardais tous tes cadeaux serrés dans tes bras comme un cœur que l'on devait te greffer, et tu ne voulais les déposer sous aucun prétexte, de peur de les perdre. Arrivé dans la chambre, tu les as disposés autour de toi sur le lit, la guitare dédicacée entre les bras afin que je te prenne en photo. Fixer sur la pellicule ce bonheur que nous avions tant espéré. Saisir l'instant, et ne jamais l'oublier.

– Maman, ça c'est un beau rêve, hein ?

– Oui mon cœur, c'est un rêve vraiment merveilleux.

– Tu sais, maintenant plus rien ne peut m'arriver parce que je vais me battre pour être le plus fort.

J'étais incapable de prononcer une seule parole. Que dire de plus ? Tu avais pu vivre ton rêve, tu allais te battre, mettre à terre cette effroyable maladie. Je restais bien sûr consciente que le chemin à parcourir serait encore long, mais une joie immense m'avait envahie, moi aussi.

J'espère un jour pouvoir remercier Johnny et Laëticia. Du fond du cœur, et un peu au travers de ces lignes, merci de lui avoir redonné la vie... Parce que vous avez vraiment fait ce miracle. Bien que rien ne puisse être démontré scientifiquement, les médecins ont clairement vu qu'il y a eu un « avant » et un « après » Johnny. Celui où tu baissais les bras, résigné, fatigué par les luttes, et celui où ta combativité renaissait. S'il n'y avait pas eu cette rencontre, tu n'aurais peut-être jamais relevé le défi. Aujourd'hui, Johnny et Laëticia continuent de prendre régulièrement de tes nouvelles.

Le lendemain matin, au petit déjeuner, tu t'es forcé à avaler une demi-brioche, comme tu l'avais promis à Johnny. Durant le trajet du retour, nous avons passé en boucle ses chansons et aujourd'hui encore sa musique accompagne chacun de nos voyages. Alain Nesme nous a déposés à l'hôpital de Grenoble. Nous avions donné rendez-vous à ton père directement là-bas pour qu'il nous ramène à l'appartement après la radiothérapie. Tu avais tant de choses à lui raconter !

– 25 –

Nous avons donc repris le rythme de la radiothérapie, des bilans sanguins, mais avec une différence non négligeable : tu voulais enfin te battre.

La peur de l'aplasie demeurait néanmoins constante. Elle signifiait une contrainte à l'isolement en unité protégée, et cela t'angoissait. Je me souviens d'une période où tu as dû y rester plus de douze jours.

Un de ces soirs-là, ton père avait dû repartir sur Annecy assez tôt pour récupérer Maxime. Ces heures loin de l'hôpital étaient pour lui comme une soupape de sécurité par laquelle il s'évadait. Nous n'avions pas la même façon d'appréhender les choses, et nous avions quelquefois du mal à en parler ensemble. Je me sentais viscéralement liée à ta vie, à ton souffle ; ton père, lui, semblait vouloir s'en détacher. C'était sa manière à lui de ne pas couler. Il ne supportait pas l'idée de ce cancer, ça aurait été admettre que ta vie n'était qu'un sursis permanent. Il aurait voulu se persuader qu'en refusant de voir cette maladie telle qu'elle était, en la tenant à distance, il pourrait mieux la combattre. Il refusait également d'accepter le fait que tu dépendais entièrement des connaissances des médecins et qu'il n'était plus ce père invincible. Comment lui en vouloir ? C'est aussi pour ça que je l'aimais, pour cette force que rien ne perturbait. Il affrontait la vie quotidienne avec plus de sérénité que moi, sans s'encombrer de détails superflus. Pour ma part, je ressentais une fatigue insidieuse à force d'accumuler, même si je ne prenais pas le temps de m'inquiéter de mon état réel, et – d'ailleurs – peu importait.

Il devait donc être aux alentours de minuit. Malgré la chaleur quasi permanente de cet espace confiné, tu avais réussi à t'endormir relativement tôt. J'ai donc décidé de me dégourdir les jambes dans les couloirs, car rester dans une chambre nue des heures durant est éprouvant. Au-dehors, quelques lumières scintillaient encore, la ville s'était assoupie depuis longtemps. Un vent léger finissait d'effeuiller les arbres du parc, enfin libres de bruisser à leur guise sans être recouverts par le vrombissement de la ville. Le service était calme, là aussi le silence avait repris sa place, reposant, bienveillant, propice aux confidences. Seul le bureau des infirmières, situé vers l'entrée du service, était un peu éclairé. Tania était là, de garde une fois de plus – une de ces journées de trente-six heures... Elle était assise à son bureau, une tasse de thé entre les mains. C'était une femme très douce, rassurante, trouvant pour chacun un mot gentil toutes les fois qu'elle passait, même si son travail ne lui permettait évidemment pas de s'attarder. Elle prenait le temps de parler avec toi et tu l'aimais beaucoup. C'était l'une de ces personnes qui savent écouter les autres sans nier leurs angoisses, sans jugement, sans mots inutiles.

– Bonsoir, m'a-t-elle dit lorsqu'elle m'a vue. Raphaël s'est endormi ?

– Oui, en ce moment il doit certainement s'imaginer à un concert de Johnny Hallyday, très loin de ces couloirs...

Cette phrase l'a fait sourire.

– Vous voulez prendre quelque chose ? Asseyez-vous un instant, si vous voulez.

– Merci, je prendrais volontiers un thé.

Assises toutes les deux dans la pénombre de la nuit, nous avons parlé un long moment. De toi, de ce que l'on peut éprouver face à la maladie. Je lui ai raconté quelques-unes de mes angoisses, de mes révoltes, toutes ces douleurs refoulées, sans qu'elle essaie de les minimiser.

Je me souviens encore de ce qu'elle m'a dit au cours de notre conversation.

– Vous savez, je crois vraiment que les épreuves ne nous sont pas données sans raison, et qu'on peut en retirer beaucoup. Chaque être humain est bien plus fort qu'il ne se l'imagine. Ici, j'ai appris plus que partout ailleurs. Je ne sais plus qui a écrit qu'« un enfant différent c'est comme un vent d'été, il décoiffe et bouscule les choses établies ». Eh bien cette phrase me revient très souvent quand je travaille ici. Raphaël est un petit homme tellement gentil, avec ses sourires ! Il me fait du bien, à moi aussi, et il me donne une vraie raison d'être là. Vous devez être fière de lui.

Cette nuit-là, au cœur de cet hôpital, j'ai compris que la vie ici pouvait également nous offrir des cadeaux. Bien plus qu'une présence, bien plus que des soins médicaux : de l'écoute, de la patience et de la tendresse qui vont bien au-delà de la conscience professionnelle et qui réconcilieraient n'importe qui avec le genre humain. J'ai tant reçu de ces personnes... De ces infirmières d'un dévouement sans limite, ne reculant devant aucune idée pour faire oublier une seconde les douleurs d'un enfant. Elles caressent, rassurent, soignent, pleurent aussi quelquefois, oubliant même, quand un petit ne va pas bien, que l'heure de leur service est dépassée.

Pourtant, si la bataille est dure pour nous, elle l'est également pour ces femmes. Le fait de s'attacher à un enfant, de se retrouver en proie au trouble devant l'inévitable doit être infiniment douloureux. Nous sommes tous identiques devant la maladie, nous refusons que le progrès ait des limites, nous réclamons, nous implorons que les frontières de la mort reculent sur notre chemin, nous exigeons une réponse à ce non-sens de la vie. Et toutes ces peurs se démultiplient lorsqu'il s'agit d'un enfant.

J'ai découvert dans ce service des gens pleins de bonté et de dévouement, des gens qui écoutent les angoisses, qui donnent de leur temps même si le système ne leur rend pas la tâche très facile. Je voudrais pouvoir remercier chacun d'eux tour à tour, car ce sont eux qui nous aident à tenir quand tout devient sombre.

– 26 –

Dimanche 16 novembre : *Bon anniversaire, mon ange !* Nous avons fêté tes huit ans à l'appartement tous les quatre. Mais tu n'auras pas de gâteau. La seule vue de la nourriture te rend malade ; la moindre odeur, la moindre tentative de notre part pour te faire manger dégénère en colère et te met d'une humeur noire pour un long moment. Nous nous sommes donc contentés de souffler des bougies imaginaires, en faisant comme si !

À la maison aussi, manger était un sujet tabou. Je répondais à la moindre de tes envies, même si celle-ci n'avait rien à voir avec un vrai repas. C'était toujours ça de pris à tous ces kilos qui te fuyaient obstinément. Je te rappelais sans cesse la promesse que tu avais faite à Johnny. Mais... même cela ne suffisait plus.

Nous sommes arrivés au mois de décembre avec un peu de peine. Les premiers flocons ont commencé à tomber, au-dehors la neige effaçait tout. Le toit de l'école, les jeux d'enfants, le terrain de foot, les pas des rares passants... Noël serait bientôt là, encore quelques semaines. Nous devions le fêter avec un peu d'avance à l'hôpital pour un spectacle de fin d'année qui rassemblerait tous les enfants malades et leurs familles, ainsi bien sûr que l'équipe médicale.

Le jour J, pour arriver à la salle où le spectacle se jouait, nous avons dû traverser le couloir de la réanimation. J'ai senti ta main serrer la mienne et ton regard se baisser durant ces quelques secondes. Non, mon petit homme, nous n'allons pas nous arrêter ici.

La représentation s'intitulait *La Petite Fée Sornette.* Maxime y tenait un petit rôle, mais nous ignorions lequel; il tenait à nous en faire la surprise : il avait profité de nos allers et retours à l'hôpital pour venir répéter avec les autres enfants! Nous avons été placés au deuxième rang : de là, tu pouvais voir sans problème les petits acteurs. Le décor avait été confectionné en carton peint par tous les enfants de l'hôpital et représentait le château de la fée Sornette... J'entends encore ton rire quand tu as aperçu pour la première fois ton frère, habillé d'un grand sac de papier dans lequel deux trous avaient été percés pour les yeux, un balai de paille sur l'épaule, chantant la chanson des sept nains avec la plus grosse voix qu'il ait pu trouver dans la maigre gamme de ses cordes vocales! L'histoire parlait d'une drôle de petite fée jouée par Lara, une enfant que je savais atteinte de leucémie depuis un an et demi. Sa baguette magique ne fonctionnait plus, et elle se retrouvait dans un château dont chaque pièce était pleine de soupirs à cause des innombrables souhaits qu'elle ne pouvait exaucer. Elle s'évertuait une bonne partie de la soirée à agiter cette baguette inutile, et à écouter tous les gens pleurer sur leur sort. Le ciel semblait les avoir oubliés lorsqu'un petit enfant du nom de Pirouette venait souffler quelques mots à l'oreille de la pauvre fée :

– Petite fée Sornette, ne soupire pas. Tu devrais simplement leur dire de regarder au fond de leur cœur. Dedans, ils trouveront ce qu'ils désirent. À ce moment-là ils n'auront plus du tout besoin de toi, et tu pourras faire ce que tu veux de tes journées !

Ton frère, lui, tenait le rôle de Sacasouhait, un petit homme qui passait ses journées à nettoyer le château de la fée Sornette. À la fin de l'histoire, il finissait à son tour au fond d'un immense sac de papier dans un fou rire général. Bien sûr, tu as applaudi à tout rompre !

Après la représentation, on a procédé à une distribution de cadeaux autour d'un immense sapin de Noël décoré de magnifiques guirlandes rouges. Chaque enfant avait un paquet. Pour toi, ce fut une splendide trottinette rouge. Oui, le Père Noël existait. Ce soir-là, il était dans les yeux de chaque enfant.

*
* *

Enfin le « vrai » Noël est arrivé, avec une bonne nouvelle : il n'y aurait plus de séances de radiothérapie. Au bout de deux mois, cette étape du protocole était terminée. Nous allions enfin profiter de quelques jours de répit, même si nous savions bien qu'il nous faudrait revenir pour les bilans et la quatrième partie du protocole. C'est-à-dire : suite de la chimiothérapie et bilans.

Le traitement était loin d'être fini, chaque fin de courbe en révélait une autre...

Mais, pour l'heure, c'était le 24 décembre. Nous sommes allés fêter Noël dans la maison de mon père. Nous y avons retrouvé ma sœur Isabelle, son mari et ses enfants, ainsi que ma mère, mon beau-père et leurs deux enfants qui étaient venus quelques jours de Paris. Je n'avais pas vraiment la tête à ce repas de fin d'année en famille. Effectivement, il a fallu jouer la comédie du « tout va bien », histoire de ne pas aborder le sujet qui était dans tous les esprits, et se parer d'un sourire décroché au rayon des souvenirs. Pourtant personne n'y était pour rien. Bien au contraire, tous nous avaient soutenus. Par leurs multiples appels, leur présence, la garde de Maxime, un service, et je m'en voulais de leur faire supporter notre douleur, nos visages fatigués. Mais nous non plus, nous n'y pouvions rien. Nous traînions nos peurs comme des boulets de plomb dont nous ne pouvions pas nous débarrasser, et que personne ne pouvait porter pour nous.

Une fin d'année étant également synonyme de cartes de vœux, nous en avons bien sûr reçu de multiples, auxquelles il a fallu répondre. La plupart de nos proches et moins proches, selon la tradition, nous souhaitaient une bonne et heureuse année 2004, pleine de joies, de bonheur et de santé... Peu de gens, en dehors de la famille, étaient réellement au courant. Était-ce la bonne période pour le faire savoir ? Que pouvions-nous leur répondre ? Que rien n'allait ? Que tu avais un cancer ? Ou bien devions-nous faire comme si ?

– 27 –

Janvier 2004. Dans la grisaille de ces jours d'hiver je me rappelais les paroles du médecin, l'année précédente, lorsqu'il nous avait annoncé ton cancer. Cela faisait déjà six mois, et personne n'osait encore se prononcer. Il fallait aller au bout des traitements, attendre la fin du protocole. Les jours s'écoulaient avec leur lot de vomissements, la fatigue, les maux de ventre, le changement des draps jusqu'à trois fois dans une même nuit...

Les quelques courtes périodes pendant lesquelles les traitements étaient interrompus, afin de laisser ton corps se reposer et se remettre des effets des remèdes, n'étaient que des répits. Malgré tous les efforts de ton père pour que nos retours soient une joie, je me sentais complètement perdue. Je ne parvenais plus à trouver ma place, ni de femme, ni d'épouse, ni de mère. J'étais en permanence tendue, angoissée, fatiguée, stressée, déphasée... Et notre vie de couple n'en avait que le nom. Nous n'étions plus que les parents d'un enfant malade. À aucun moment nous n'arrivions vraiment à nous libérer l'esprit. Tous nos gestes, nos mots, nos rêves tournaient autour de ta maladie !

Nous retournions bien vite à Grenoble pour de nouveaux bilans et de nouvelles transfusions : car, je le répète, si les tests sanguins révélaient que les mauvais éléments des globules blancs s'amenuisaient, ils montraient que les bons globules, eux aussi, diminuaient.

Le 19 janvier, les médecins nous ont annoncé qu'ils devaient intervenir pour vingt-quatre heures complètes de chimiothérapie. Auparavant, il a fallu à nouveau récupérer tes urines et t'injecter un médicament pour en accroître la « récolte ». Résultat : lever tous les quarts d'heure, sans compter les sonneries et les changements de perfusion. Cet enfermement te faisait si peur ! Là-bas, derrière cette vitre, tu n'étais plus maître de rien. Cette fois-ci, la chimiothérapie a été lourde. Tout un arsenal de médicaments était employé : la bataille contre le cancer s'intensifiait.

Tu n'avais plus que la peau sur les os. Tu avais passé un mois et deux jours sans manger. Et quand je dis « sans manger », cela veut dire sans intraveineuse. Ton poids est devenu réellement critique, autour de vingt kilos huit cents, et chaque position se révélait un supplice. Je devais donc te soutenir dans le bain. Nous avons même acheté un matelas spécial pour ton lit, à la maison. La nuit tu gémissais, tant le moindre mouvement était douloureux :

– Maman, j'ai mal aux os.

Ce « mal aux os » me rappelait les mots de mon père vers la fin de sa vie... Tu m'as du reste reparlé de lui à cette période.

– Maman ? Quand Yves est mort, ils lui ont enlevé le « port à cath' » qu'il avait pour soigner son cancer avant de l'enterrer ?

– Mais pourquoi penses-tu à ça, Raphaël ?

– Juste pour savoir ce qu'ils font quand on est mort...

– Oui, ils le lui ont retiré.

– Ah bon.

Je t'observais souvent à la dérobée lors de nos trop courts séjours à la maison. Tu paraissais perdu dans ta propre tristesse. Il paraît que certains enfants gardent une part d'insouciance malgré la maladie, mais j'avais l'impression que pour toi les fous rires, les jeux, les bêtises n'étaient qu'un lointain souvenir. Un soir, alors que j'étais en train de préparer le dîner dans la cuisine, je me suis interrompue pour retourner te voir au salon. Tu n'avais pas bougé depuis un long moment, tu avais l'air si seul, si fragile... Je sentais bien que quelque chose n'allait pas.

– Ça va, Raphaël ?

– Oui... Maman, tu te souviens d'Alexandre, mon copain à l'hôpital ?

– Bien sûr que je m'en souviens. Pourquoi ?

– Parce que tu sais, je croyais qu'il était rentré chez lui cette semaine. En fait, Éric, un garçon qui était avec moi aujourd'hui, m'a dit qu'il était mort pendant la nuit. Il a entendu Nathalie, l'infirmière, en parler, et puis il a vu sa maman pleurer dans le couloir.

– Oh non ! Pas ça... Je... je suis désolée, mon petit ange.

– J'ai pas pu lui dire au revoir.

Je me suis assise sur le canapé, essayant de me ressaisir, sans trouver ce qu'il fallait te dire. Tu avais parlé si calmement, le regard fixé sur le mur en face de toi. Je me suis sentie tellement inutile et désemparée. J'aurais voulu te réconforter, mais il n'y avait pas d'issue, pas de mots, rien.

– Maman ? Moi aussi, je serai peut-être mort dans pas longtemps.

– Non !

J'avais presque crié. J'avais tant fui cette possibilité, tant refusé de l'affronter : cela aurait voulu dire que j'abandonnais tout espoir. Ne rien voir, ne rien entendre, ne rien accepter. Je redoutais tes questions et il m'était impossible de les éluder maintenant. Tu avais de plus en plus de mal à reprendre pied dans la vie extérieure, avec cette mort que tu voyais passer en te regardant du coin de l'œil comme pour te dire : « Je ne t'oublie pas, chacun son tour... »

Tant bien que mal, j'ai essayé de me ressaisir.

– Tu ne mourras pas, Raphaël. Je t'en prie, crois-moi. Les médecins ont enlevé ta tumeur, et la chimiothérapie et la radiothérapie servent justement à « zigouiller » les morceaux de cancer qui auraient pu rester. Tu es là aujourd'hui ! Accroche-toi, mon petit ange !

Je t'en prie, accroche-toi... Je me suis aperçue que je sanglotais lorsque tu as passé la main sur mes joues.

– Je veux pas que tu pleures, maman. Je te dis pas ça pour que tu sois triste. C'est juste que j'y pense de temps en temps.

– Ce n'est rien, ne t'inquiète pas. Je dois être un peu fatiguée, c'est tout.

Putain de maladie, je te hais !

*
* *

Février n'a rien eu à envier au reste. En tant que mois le plus court de l'année, il avait certainement dû vouloir marquer son empreinte en mettant les bouchées doubles. Nous devions avoir droit à une semaine entière de chimiothérapie mais, une fois que nous sommes arrivés au CHU, les résultats de ton bilan ont révélé une baisse de ta richesse globulaire. En clair, tu étais en aplasie et la chimio était reportée.

– Maman, ça veut dire qu'on va pouvoir rentrer à la maison ?

Le médecin a réfréné ta joie.

– Pas exactement, Raphaël. Nous allons tout d'abord devoir te faire des transfusions. Ensuite, tu pourras retourner chez toi, mais une fois là-bas il y aura des précautions d'hygiène à prendre : pas de visite, pas de bisous, rigueur alimentaire, donc pas de fast-food ! Et puis tu feras très attention à ce que ton grand frère ne ramène pas de microbes de l'école. Tu devras aussi porter le masque en permanence si tu sors. Comme tu le vois, ce ne sont pas de vraies vacances. Je suis désolé... Mais c'est très important de respecter les règles parce qu'une infection serait grave pour toi.

– Oui, je sais... as-tu soupiré.

Nous avions donc « gagné » une semaine. Mais une semaine où tu ne recevrais aucun traitement. Et le savoir atténuait considérablement ma joie, j'avais si peur !

Au milieu de la nuit suivante, je suis entrée dans ta chambre pour te regarder dormir. La lune était pleine et éclairait ton lit. Tu paraissais si démuni, si fragile, et pourtant si paisible… Cela me rappelait encore une fois ce petit homme que l'on avait déposé sur mon ventre, huit ans auparavant :

– Respirez, il est encore avec vous…

Cette semaine-là, nous sommes donc restés à la maison. Mais pas pour prendre l'air, ni faire de grandes balades autour du lac. Comme lors de ta dernière « permission », tu restais des heures allongé sur le canapé, le regard absent. Souvent je te trouvais le front collé à la fenêtre de ta chambre, qui donnait sur le chemin qu'empruntaient les enfants pour rejoindre l'école. Tu regardais chaque jour tes copains de classe qui passaient, et certains, sachant que nous habitions là, avaient pris l'habitude de lever les yeux pour t'adresser un signe de la main. Tu leur répondais tristement.

Je me souviens en particulier d'un matin où tu as aperçu une bande de jeunes voyous qui s'amusaient gaiement à dégrader un mur en écrivant dessus, à grand renfort de bombe noire, insultant les gens qui passaient à côté d'eux.

– Maman ? Pourquoi c'est pas eux qui ont un cancer ? Moi je suis resté gentil tout le temps, je mérite pas ça.

Il y avait tant de peine, tant d'incompréhension dans ta voix…

– Tu sais, quoi que les gens fassent, je crois qu'il ne faut souhaiter à personne d'avoir ta maladie.

… Cette maladie qui nous interdisait de nous projeter dans le temps. Qui nous forçait à vivre au jour le jour.

J'ai profité de ce répit à la maison pour préparer des lots : le premier week-end de mai, notre association tiendrait un stand lors d'un rassemblement de voitures « Coccinelles ». Il nous arrivait souvent d'organiser des lotos ou autres manifestations pour récolter des fonds. En général, certaines sociétés participaient à leur manière en nous fournissant soit des objets de décoration ou ménagers, soit une aide financière ponctuelle. Et certaines de nos amies, artistes et bénévoles dans l'âme, fabriquaient l'une des bijoux, l'autre des animaux en papier mâché : j'ai ainsi appris l'art du bricolage et la satisfaction de créer par soi-même. De notre côté, ton père et moi passions des heures à écumer les magasins de la région afin de dénicher différentes petites choses : assortiments de savons, paniers de produits de beauté, jeux... Tout cela nous prenait un temps considérable mais nous ne le regrettions absolument pas, car, grâce à l'argent ainsi récolté, nous pouvions parfois aider financièrement des parents.

J'aurais pourtant aimé laisser un peu de côté tout ce travail, tant mon esprit était ailleurs. Mais dès qu'une famille nous contactait, je me sentais incapable de ne pas répondre présent. Après tout, nous vivions leurs inquiétudes, leurs peurs, leurs doutes. Et puis c'est aussi le fait de nous battre pour les autres qui nous a aidés à rester debout. Parce qu'un peu de leurs sourires devenait un peu de toi.

– 28 –

Nous sommes donc retournés au CHU pour un nouveau bilan, qui se révéla bon pour commencer la chimiothérapie, ton taux de cellules sanguines ayant atteint un niveau correct.

Et tu as rejoint l'hôpital, tous ces tubes. Heureusement, des bénévoles passaient chaque matin dans les chambres pour occuper les enfants. Nous avons ainsi appris l'art du découpage, du pliage, du bricolage... et les animaux en perles n'ont plus eu de secrets pour moi. Quelques-uns de ces objets ornent encore tes étagères. Il y avait aussi Didier, l'instituteur, qui passait tous les jours et essayait tant bien que mal de gérer tes états d'âme entre deux verbes à conjuguer. J'ai admiré sa patience et cette façon si particulière qu'il avait de désamorcer tes plus grandes colères en te ramenant doucement sur le chemin de son école.

Chaque jeudi, les enfants recevaient également une visite très appréciée : les clowns ! Habillés de mille couleurs, maquillés d'immenses sourires, ces pitres nous transportaient bien loin des murs étroits de l'hôpital, dans un monde qui soigne l'âme quand les médecins soignent le corps. Toi, tu as très longtemps refusé de les voir, tu te cachais sous les draps dès qu'ils franchissaient la porte de ta chambre. Au fond, tu ne voulais pas avoir un seul instant de bonheur ici. Peut-être que, pour toi, ç'aurait été admettre que tu faisais partie de cet endroit, et si tel était le cas, alors tu tomberais.

Car du courage, il en fallait, dans ce service. Avant cette chimio, il y avait eu Hugo, puis Alexandre... Cette fois aussi, beaucoup d'enfants allaient me marquer. Comme Éric, un tout jeune garçon qui se promenait de temps en temps dans les couloirs de l'unité protégée, traînant toujours avec lui son arbre à perfusions. Je l'apercevais souvent en train de parler tout seul. Intriguée, j'avais fini par interroger une infirmière.

– Éric a une leucémie, m'a-t-elle répondu. Il s'est inventé un ami imaginaire appelé Sébastien. Dans son esprit, c'est Sébastien qui est malade. Alors il le réconforte, il l'encourage, cela lui permet de ne pas se laisser envahir par la peur et l'abattement. Chacun ici essaie de survivre avec ses propres moyens. Vous savez, c'est un étage quelquefois terrible pour se faire des amis...

Oui, je savais. Je l'avais appris à mes dépens quand, peu de temps auparavant, j'avais bêtement demandé à un enfant de l'unité protégée s'il avait des copains.

– Oh oui, j'en avais un. Mais il est mort la semaine dernière.

*
* *

Après les huit jours de chimiothérapie, les médecins nous ont relâchés : il fallait encore interrompre les remèdes pour permettre à ton corps de se reposer. Au-dehors, la pluie a fêté notre sortie. Nous retrouvions les embouteillages, le froid, la grisaille, mais cela faisait du bien ! Au bout de la route il y avait cette vie familiale à laquelle tu t'accrochais, un bonheur tout simple fait d'amour et d'habitudes.

Ton père assurait le quotidien lors de nos absences, s'occupait de Maxime, gérait les courses, l'école, le ménage, le courrier, et les appels de notre banquière qui, à son grand désespoir, devait bien se rappeler à nous... Lors de ses coups de téléphone, celle-ci prenait d'abord systématiquement de tes nouvelles. Qu'elle sache, ici, qu'elle a été de ces personnes qui nous ont aidés, chacune à leur manière. Elle, ce fut en essayant de ne pas être trop rigide et intolérante. Car il est vrai que nos relevés bancaires ne frôlaient pas les hautes sphères ! Cela faisait maintenant presque huit mois qu'aucun de nous deux ne travaillait. Ton père était toujours au chômage, malgré ses multiples tentatives pour en sortir. De mon côté, je touchais l'« allocation de présence parentale », versée pendant quatre mois et renouvelable trois fois, ainsi que l'« allocation d'éducation spéciale ». J'avais arrêté mon travail d'assistante maternelle au moment où tu avais subi l'exérèse de ta tumeur, car je voulais me consacrer entièrement à toi.

Chaque fois que nous rentrions à la maison après ces séjours à Grenoble, il me fallait un certain temps pour me reconnecter à la vie quotidienne. Après l'espace protégé, confiné et aseptisé de l'hôpital, notre appartement me semblait trop grand, et j'avais tendance à me recroqueviller sur moi-même, à fuir les gens et leurs regards. Sortir faire les courses, par exemple, devenait presque un défi que je m'imposais toutefois, tout en le raccourcissant au maximum, avant que l'angoisse ne monte.

Comme ce jour où nous sommes allés tous les quatre dans une grande surface. Malgré ta fatigue, tu avais voulu nous accompagner, histoire de t'aérer un peu. Mais un fauteuil roulant dans lequel un gamin d'une vingtaine de kilos est assis, un enfant qui n'a de surcroît plus aucun cheveu sur la tête, a tendance à attirer le regard.

Un couple avec deux enfants s'est mis à repasser plusieurs fois au rayon où nous nous étions arrêtés afin de bien te dévisager. Un peu comme dans une fête foraine où l'on conduit ses bambins le dimanche matin. Tourne la roue, un jour la vie nous offre à tous un tour dans le train fantôme...

Leur curiosité insistante a fini par mettre Maxime en colère, lui qui refusait que quiconque te fasse le moindre mal. À chacun de leurs passages, je sentais la rage monter en lui. Il n'arrivait pas à dénouer ses doigts crispés sur ton fauteuil. Ton père et moi avons dû le calmer pour qu'il ne leur jette pas son indignation à la figure.

– Mais ils regardent Raphaël. Ça m'énerve !

J'avais la gorge sèche. Le visage de ton père était pâle de fureur, je le sentais prêt à bondir. Manifestement, il se retenait pour ne pas faire un scandale en plein magasin. Quel rapport pouvions-nous avoir avec ce monde-là ? Décidément, c'était comme cette femme à la piscine : les gens n'attaquent jamais de front, mais leurs silences lourds de sous-entendus portent bien plus.

– Laisse, Maxime, essaie de faire comme si de rien n'était. Nous n'avons ni à baisser les yeux, ni à partir en courant. Reste droit.

Toi, tu t'étais doucement recroquevillé dans ton fauteuil, la tête penchée. Mais quand nous sommes arrivés au rayon des fruits et légumes, près des caisses, j'ai vu tes lèvres trembler et tu t'es mis à pleurer.

– J'en peux plus, maman ! Je... J'en ai marre, tout le monde me regarde.

Ces mots, tu ne les avais pas chuchotés. Tu les avais lancés bien fort, au visage de tous ces gens à qui la maladie faisait peur. Et tu sanglotais à présent, sans que j'arrive à te calmer. Les larmes de Maxime ont alors rejoint les tiennes, emportant par le même coup les miennes dans leur courant. Lorsqu'il nous a aperçus ainsi, la cuirasse de ton père a fondu à son tour. Il résistait à ce besoin de hurler pour évacuer sa rage, mais résistait encore plus à l'envie de pleurer sur ce malheur qui le dépassait. Nous nous sommes donc retrouvés tous les quatre serrés les uns contre les autres, devant l'incompréhension des clients qui se demandaient certainement à quel moment ils avaient loupé un passage de ce mélodrame... de supermarché.

Mis à part cet « incident » marquant, le retour à la maison t'a fait beaucoup de bien.

Je revois certains soirs où vous organisiez un concert à l'appartement avec Maxime, quand tu avais assez de forces. Ton frère faisait de la batterie depuis l'âge de six ans et était inscrit à la chorale de son école depuis deux années. Je pense que cette passion venait de ton père : lorsque Maxime était petit, il lui jouait souvent à la guitare *Au clair de la lune* ou même *Frère Jacques* version rock, et d'autres berceuses, mais en version originale cette fois-ci !

Ces soirées musicales se passaient en général dans votre chambre. Nous étions conviés à assister à un spectacle dont la vedette n'était autre que... Johnny Hallyday! Nous avions reçu des billets fabriqués par vos soins, une affiche était punaisée dans le couloir, nous entrions dans la « salle de concert », nous nous asseyions sur les chaises empruntées à la cuisine, et c'était parti ! Maxime se mettait à la batterie et toi tu l'accompagnais au chant, micro dans une main et – dans l'autre – un briquet. Nous étions alors emportés par les paroles d'*Allumer le feu* ou du *Pénitencier*...

*
* *

Le 18 février, comme celles du pénitencier de ton idole, les portes de l'hôpital se sont refermées sur nous : il fallait renouveler les traitements. Nous reprenions possession de notre espace. Un lit, une table de nuit, quelques boutons de moniteurs, une télévision. Ton père nous avait accompagnés, repoussant au maximum l'instant de la séparation.

Tu avais été spécialement fatigué ces derniers temps, ton visage était vraiment pâle et tes traits tirés. Les derniers résultats de tes examens n'étaient pas bons : tu te trouvais à nouveau en aplasie.

– L'hémogramme nous montre que les globules rouges et les plaquettes de Raphaël sont en baisse, nous a expliqué le médecin. Nous allons devoir transfuser.

Au bout de deux jours, pas d'amélioration. Tes plaquettes et tes globules rouges ne remontaient pas : il te fallait une deuxième transfusion. Quand ton père est revenu ce jour-là, ton état ne s'était toujours pas modifié. On a donc entamé une troisième transfusion.

C'est là que tout a dérapé : juste après l'ouverture du cathéter, tu t'es plaint d'avoir mal à la gorge. Mon premier réflexe a été d'aller te chercher à boire. En même temps, je me suis arrêtée pour prévenir l'infirmière. À peine étais-je revenue dans la chambre que je me suis aperçue qu'un énorme bouton était apparu sur le haut de ton crâne.

– Maman, je peux plus respirer ! Maman, ça va pas...

L'infirmière, qui était arrivée à ce moment-là, a tout de suite arrêté la transfusion et sonné pour demander de l'aide. Ton visage est devenu blanc en quelques secondes, tes lèvres et tes yeux se sont mis à gonfler. Tu as commencé à paniquer, ta voix haletait.

– Peux plus parler...

– Qu'est-ce qu'il a ? Je vous en prie, faites quelque chose !

Une autre infirmière, suivie d'un médecin, est entrée. Qui étaient-ils ? Savaient-ils exactement ce que tu avais ? Après tout, qu'importait, nous n'avions pas le temps de réfléchir. Ton visage était à présent entièrement recouvert de plaques rouges. Tu t'étais mis à pleurer. Ta voix n'était plus qu'un sifflement. Tes lèvres étaient devenues violettes. Dans la chambre il y avait maintenant six personnes. Une des deux infirmières, manifestement très inquiète, nous a demandé de nous reculer pour leur laisser le champ libre. Elle s'est ensuite penchée sur toi.

– Raphaël, il faut que tu te calmes. Essaie de respirer doucement… doucement…

Tu étouffais. J'étais là, bloquée contre le mur, mes yeux rivés dans les tiens, au milieu d'une sorte de ruche bourdonnante et affolée qui se déplaçait en tous sens. De minute en minute les gestes s'enchaînaient. Je n'étais plus consciente du monde extérieur. L'un des médecins t'a fait une piqûre de cortisone pendant qu'on surveillait ton rythme cardiaque. Tiens bon, mon ange.

Tes doigts se crispaient sur les draps chaque fois que tu essayais de reprendre ta respiration. Ton visage était totalement déformé, comme si tu venais d'affronter dix rounds d'affilée. Comme si tu menais le combat de ta vie contre un adversaire invisible. Pas un centimètre de ton visage n'était intact. Je savais que tu ne pouvais plus parer les coups.

Non, pas maintenant ! Seigneur, ne me l'enlevez pas maintenant… J'étais comme dédoublée, voyant tout ce qui se passait dans cette chambre au ralenti, m'agrippant au rebord de la fenêtre, mon regard ne lâchant pas le tien qui semblait me supplier de t'aider.

Au bout d'un moment qui me parut une éternité, ton corps s'est immobilisé. Tes mains pendaient inertes sur le bord de ton lit, tandis que ton visage gardait encore les traces de cette lutte inégale. La crise était finie. Le médecin s'est alors tourné vers moi :

– Ça va aller, ne vous inquiétez pas. Le plus difficile est passé. Mais nous devons comprendre d'où cela provient. Je pense que cette réaction est due à la transfusion de plaquettes, cependant il nous faudra le vérifier afin d'éviter à l'avenir ce genre de problème. Raphaël va devoir se reposer maintenant, mais soyez rassurée...

Avant de quitter la pièce, il a demandé à l'une des infirmières de le prévenir dès que les résultats seraient connus.

Nous sommes demeurés le reste de la journée près de ton lit en nous relayant, ton père et moi. Les heures se confondaient, nous avions à peine conscience du temps qui coulait. La fatigue commençait néanmoins à se faire sentir. Vers 21 heures, ton père a dû repartir à la maison : Maxime était chez une amie et il fallait aller le récupérer. Me voyant dans la pénombre, assise seule près de ton lit, une infirmière s'est gentiment approchée.

– Vous devriez vous reposer un moment. Souhaitez-vous aller manger quelque chose ?

– Merci, je préfère rester près de Raphaël.

Rester près de toi, car j'avais eu l'impression affreuse de te voir partir. Mais c'était fini...

Nous avons appris plus tard que, lors des prochaines transfusions, il te faudrait uniquement des plaquettes déplasmatisées. En effet, le sang qu'on te donnait était composé de plasma dans lequel se trouvaient des anticorps, des allergènes et d'autres substances. Et c'était justement ce plasma qui avait provoqué ta réaction de rejet. Dorénavant, on te transfuserait des plaquettes lavées de tout cela.

En me réveillant le lendemain de ta crise, je ne savais plus ce que je faisais là. Il m'a fallu quelques secondes pour reprendre pied. Tu étais encore endormi sous tes couvertures, ton visage avait repris ses couleurs. Tu semblais si paisible. J'ai caressé ta petite main, elle était si douce... Continuer, oublier, avancer.

Je commençais à sentir l'odeur des petits déjeuners que l'on servait. J'entendais chaque bruit avec une acuité impressionnante, les coups frappés aux portes, les sandales glissant sur le sol, les chariots traversant les couloirs. Un léger froissement de draps, ta tête qui se tourne vers moi, ton regard qui rejoint le mien :

– Maman ?

– Oui, mon petit cœur...

– Je t'aime fort.

– Moi aussi, mon ange, je t'aime très fort.

Dehors le soleil se levait, se noyant de bleu comme pour nous murmurer : « Regarde, ça vaut la peine d'ouvrir les yeux... »

– 29 –

Ces mois d'hiver nous avaient changés. Même au-dehors nous nous sentions murés dans une espèce de solitude infranchissable, surtout quand nous devions jongler avec les phrases banales d'un voisin ou d'un proche.

– Comment allez-vous ?

Que répondre ? « Ça va, merci. Raphaël a juste un petit cancer, Maxime se débat entre ses douleurs et ses peurs, mais enfin rien de bien méchant... Et vous ? »

Il est même arrivé que certaines personnes me disent : « C'est drôle, tu ne donnes pas du tout l'impression d'être si mal que ça, ni d'avoir un enfant atteint d'un cancer. » Que leur fallait-il, alors ? Que je pleure toute la journée, devant eux, devant toi ? Que je leur parle en détail de tout ce que nous vivions pour me justifier ?

Pourrais-je un jour ne plus faire semblant ? Non, c'était impossible. Nous devions continuer à sourire. Pourtant, bien des fois j'aurais souhaité exorciser ces douleurs. J'aurais voulu leur avouer que je n'en pouvais plus, que j'avais mal, tellement mal de toi. Mais qu'auraient-ils pu faire de cet aveu ? De toute façon, j'avais mis depuis longtemps un mouchoir de plomb sur mes larmes et je ne voulais surtout pas l'enlever. Je savais que le raz de marée, à l'intérieur, n'attendait qu'une brèche pour exploser. Ne pas craquer. Pas maintenant. Il sera bien trop difficile de me relever après.

Heureusement le mois de mars est venu, paré d'un costume de carnaval et de chars fleuris. Les écoles devaient défiler dans les rues ce samedi-là et nous avions décidé d'assister à cette parade tous les quatre. Nous allions très certainement croiser tes maîtresses de maternelle et Maxime – quant à lui – retrouverait ses copains. Tu étais assez fatigué, mais tu ne voulais absolument pas manquer le défilé. Qu'à cela ne tienne : nous prendrions ton fauteuil roulant, un plaid, et en route ! La journée promettait d'être belle, le soleil s'était habillé de quelques rayons pour réchauffer un peu le froid sec. Je t'avais mis une grosse doudoune, un bonnet et des gants, et nous t'avions porté dans les escaliers jusqu'en bas de l'appartement.

Nous voulions arriver à l'heure afin d'admirer tous les costumes. Nous avons donc rejoint les abords de la cour de l'école, où avait été fixé le rendez-vous de départ du défilé. Postés tout près du portail, nous serions certains de bien voir sans avoir à courir dans tous les sens. Mais, si tu avais été excité au début, tous ces enfants, cet entrain et cette agitation te bouleversaient. Tu n'étais plus comme eux. Les rires, les couleurs gaies réveillaient ta tristesse... Tu t'es recroquevillé sur le fauteuil et tu as refusé de regarder.

Non loin de nous, j'apercevais les maîtresses, l'air choqué, moralisateur. Elles se demandaient certainement comment nous pouvions avoir « l'inconscience » de te mener ici, au froid, au lieu de te laisser à la maison. Je voyais leurs regards qui se détournaient de nous, et je sentais mes larmes pointer. Faisions-nous donc tant d'erreurs ? J'en arrivais à douter de moi, à m'interroger continuellement sur tel ou tel choix.

Où étions-nous seulement un an auparavant ?... Je nous revoyais tous les quatre déguisés, défilant parmi ces gens qui aujourd'hui nous fuyaient. Tu étais magnifique en petite souris grise. Maxime, lui, avait endossé le rôle de fou du roi sous un costume aux mille couleurs, coiffé d'un chapeau à clochettes. Ton père et moi n'étions pas en reste : nous nous étions cachés sous des masques en papier mâché. Nous avions marché sur les rythmes dansants qu'une sono perchée sur un char diffusait, puis le défilé s'était terminé dans le parc des Buissons où, comme le voulait la tradition, l'effigie de Monsieur Carnaval avait brûlé pour effacer toutes les bêtises commises durant l'année. Ces réjouissances étaient bien loin à présent...

Il restait malgré tout quelques fidèles dont Michèle, ton ancienne maîtresse de maternelle. Désormais à la retraite, elle venait à la maison très souvent pour t'aider à suivre un minimum de scolarité, complétant ainsi le travail de Didier à l'hôpital. Elle passait à l'école voir la directrice – qui était ta maîtresse actuelle – afin de prendre les différents devoirs et, une fois le travail fait, les rapportait pour qu'ils soient corrigés. C'était un roulement permanent de cahiers et de livres.

Pourtant, malgré le dévouement de Michèle, il devenait de plus en plus difficile de te faire étudier. Lors de nos retours à la maison, tu restais continuellement prostré dans ton lit, trop faible pour faire quoi que ce soit. Souvent je te retrouvais par terre dans ta chambre, le regard perdu dans le vide, pleurant silencieusement. Tu passais aussi des heures sans bouger, au chaud sous tes couvertures, à regarder au loin par la fenêtre de ta chambre, voyant passer le temps sous la course des nuages. Il ne me restait plus qu'à espérer que ton imagination s'évadait de cette manière.

Mais cette attitude n'était pas très facile pour ta maîtresse. Dès qu'elle te posait une question, tu collais systématiquement les mains sur tes oreilles pour ne pas l'entendre, tu refusais cette main tendue. Comment comprendre ce comportement ? Mais comment t'en vouloir ? Encore une fois, je n'étais qu'une figurante impuissante dans cette pièce qui se jouait à huis clos.

– 30 –

Un matin d'avril, j'ai reçu un coup de téléphone un peu particulier. C'était une journaliste qui travaillait pour TF1 : « Bonjour, je m'appelle Bélinda. Seriez-vous d'accord pour venir dans quelques jours sur le plateau d'une émission dont je ne peux pas vous révéler le nom mais dont le thème sera *la surprise* ? » Me mettre sous les projecteurs face à des caméras, des millions d'inconnus, sans même en savoir la raison... Ce n'était pas ma place, pas moi. Je n'avais pas le cœur à sourire, et certainement trop peur pour affronter l'inconnu.

Mais ton père a insisté pour que je m'y rende : cela me ferait du bien de vivre autre chose que le quotidien de l'hôpital. J'ai donc accepté, et c'est ainsi que nous nous sommes retrouvés tous les quatre dans un train qui roulait vers Paris... Pour toi, cette escapade était une magnifique récréation, un pied de nez aux traitements qui avait un peu le goût de l'interdit.

Le jour J, nous voilà au studio d'enregistrement, où nous sommes accueillis par une équipe fabuleuse.

Celle-ci essaye d'apaiser mes angoisses, sans pour autant me révéler ce que je fais réellement là. Au bout de quelques minutes on me conduit dans la loge d'une jeune femme adorable, nommée Rebecca, pendant qu'on vous invite à rejoindre le public. Et là, je comprends : je suis à l'émission « Y a que la vérité qui compte », au cours de laquelle des anonymes peuvent s'ouvrir à une personne à laquelle ils n'ont pas osé parler en privé. Rebecca m'explique que je dois y participer en tant qu'invitée. Ne pas connaître l'identité de la personne qui sera en face de moi, cachée derrière le rideau, me stresse au plus haut point. Et lorsque Rebecca me pose gentiment des questions sur Maxime et toi, le barrage cède tout à fait. C'est beaucoup trop dur, je n'y arriverai jamais... Mais la télévision est l'univers de la magie : avec quelques précieuses gouttes dans les yeux, je reprends une figure de façade le temps de faire attendre les caméras.

Et me voilà bientôt dans l'arène, en face du fameux rideau. Je suis mal à l'aise, fatiguée et dans un demi-brouillard. Les présentateurs m'interrogent en vain pour me faire deviner qui se trouve derrière ce rideau. Finalement, un écran s'allume : il s'agit des parents d'une enfant atteinte d'un nævus, que nous avons aidés grâce à notre association en les orientant vers des médecins compétents. Ils souhaitaient nous remercier au nom de leur petite fille. Merci plutôt à eux pour leur témoignage, et courage pour la suite...

Mais nous n'étions pas au bout de nos surprises. Le lendemain de l'émission, alors que nous nous apprêtions à repartir chez nous après une nuit à l'hôtel, le téléphone a sonné. C'était de nouveau Bélinda, la gentille journaliste de TF1 : accepterions-nous de rencontrer Pascal Bataille et Laurent Fontaine, les présentateurs de « Y a que la vérité qui compte », qui souhaitaient devenir les parrains de notre association ? Mon Dieu, cela faisait sept ans que nous nous battions pour que quelqu'un nous aide et fasse parler de notre combat... Caméras éteintes, nous nous sommes réunis dans une brasserie parisienne à discuter du soutien qu'ils voulaient nous apporter – mais pas de ceux qui brillent sous les lumières. Plutôt celui de deux hommes, parents eux-mêmes, touchés par ce combat si inégal d'un enfant face à la maladie. Leur présence ne s'est jamais démentie jusqu'à l'instant où j'écris ces lignes. Je n'ai que peu de chose pour leur témoigner ma reconnaissance, mais je sais que le sourire de Raphaël est le seul qu'ils m'autorisent à leur offrir. Merci, du fond du cœur.

Cette aide inespérée a décuplé notre envie de nous battre au sein de l'association Nævi. Aujourd'hui encore, je ne peux m'empêcher de penser que ce travail en valait vraiment la peine. Malgré les doutes, les difficultés, la fatigue et quelquefois l'envie de tout abandonner pour nous mettre la tête sous un oreiller et ne plus penser qu'à toi et Maxime. C'est aussi ce combat qui nous donnait la force de rester debout, et une raison supplémentaire de ne pas renoncer.

*
* *

Nous sommes donc rentrés chez nous. Le 6 avril, à la fin d'une journée de chimiothérapie, au moment où nous nous dirigions vers la sortie, j'ai entendu derrière nous les claquements précipités et si particuliers que font les sandales des infirmières. En me retournant, j'ai vu une femme en blouse blanche qui courait pour nous rattraper.

– Excusez-moi, nous a-t-elle dit, un peu essoufflée. Je dois vous demander de revenir. Raphaël doit être transfusé de toute urgence. Il faut que vous remontiez dans le service du deuxième étage.

– Comment ça ? Que se passe-t-il ? Il vient d'avoir sa chimio, nous sommes censés rentrer maintenant...

– Oui, je sais, mais ses dernières analyses montrent une chute de globules blancs. Nous ne pouvons pas le laisser partir ainsi. Je suis désolée...

Ici, la fin d'un traitement laissait systématiquement la place à d'autres examens, d'autres analyses. Mais cette fois, si près de la sortie, tu le ressentais comme l'ultime « manque de chance ». Nous sommes ainsi revenus dans la chambre que tu venais de quitter. Le lit n'avait pas eu le temps d'être changé et tu as retrouvé la chaleur de tes draps froissés. Une infirmière est venue te « relier » presque aussitôt, réglant le flux de cette substance rougeâtre qui te dégoûtait mais qui avait le pouvoir de te redonner quelques couleurs pendant que, assise sur le rebord de ton lit, j'essayais de te détendre en te massant les jambes.

– Tu verras, je suis certaine que ça ne va pas durer longtemps.

– Mais papa, peut-être qu'il va s'inquiéter ? Et Maxime ?

– Ne t'en fais pas, je vais leur téléphoner. Seulement, avant, je dois voir le médecin pour les résultats.

Les minutes sont ainsi passées, au rythme du goutte-à-goutte. Depuis ta réaction de l'autre jour les transfusions étaient sans plasma, mais je gardais tout de même une certaine appréhension à voir ce corps étranger s'immiscer en toi.

Vers la fin de la transfusion, tu m'as simplement dit :

– Maman, regarde, j'ai comme une plaque rouge !

Mon Dieu, non, pas encore. Une rougeur pleine de boutons était apparue au niveau de ton ventre. J'avais encore en tête l'enchaînement incompréhensible qui s'était produit quelques semaines auparavant, mais je ne voulais surtout pas ajouter à ton affolement.

– Ce n'est certainement rien, ne t'inquiète pas, mon ange. Je vais quand même aller voir l'infirmière pour qu'elle vienne regarder ça.

Celle-ci a diagnostiqué un zona, ce qu'a confirmé le médecin appelé en urgence. Vu la baisse de tes défenses immunitaires, le moindre virus était à prendre très au sérieux : il faudrait te mettre sous traitement antiviral pendant quinze jours et bien te surveiller, nous a-t-il recommandé. Le retour à la maison ne serait donc pas si gai que nous le pensions, mais nous allions quand même repartir, c'était déjà ça !

En entendant les ordres du médecin, tu as fondu en larmes.

– Maman, je veux rentrer maintenant, j'en ai marre...

Je savais que je devais rester forte, mais mes yeux n'ont pas été courageux devant ton petit visage mouillé et je me suis mise à pleurer, moi aussi.

– Je sais, mon ange. Je te promets qu'on va repartir bientôt, laisse juste l'infirmière te débrancher de tous ces tuyaux, nous prescrire les médicaments, et nous donner toutes les indications sur ce que nous pouvons faire ou ne pas faire. Après, je te jure que nous pourrons y aller.

Le mois d'avril s'est écoulé ainsi entre transfusions, bilans sanguins et mauvaises nouvelles, et il nous était de plus en plus difficile de continuer sans ressentir à chaque instant une peur insidieuse qui nous ébranlait. J'avais l'impression d'être sur un ring au milieu d'une foule scandant ton nom, face à un poids lourd qui m'assénait ses uppercuts alors que j'étais déjà à terre. Aucun arbitre n'intervenait, aucun spectateur ne pouvait me tendre la main. Je n'avais que mon corps pour parer les coups. J'attendais juste que le gong résonne avant d'affronter le round suivant.

Vers la mi-avril, ta fièvre est montée jusqu'à 40,1° C après une transfusion, puis tu as eu un aphte sur la gencive. Celui-ci s'est en fait révélé être un sympathique abcès qui nous a obtenu un laissez-passer direct pour l'isolement, où nous avons dû rester cloîtrés dix jours avec le port du masque, du sarrau et de la charlotte vingt-quatre heures sur vingt-quatre. Assise à ton chevet, je passais mon temps à te masser, à te raconter quelques histoires lorsque tu étais réveillé. Tu aimais toujours autant celle du *Petit Prince* mais, la plupart du temps, tu étais si faible que tu t'endormais sans en avoir entendu la fin et les derniers mots du conte se perdaient dans tes rêves : « *Alors je suis heureux. Et toutes les étoiles rient doucement. Et aucune grande personne ne comprendra jamais que ça a tellement d'importance...* »

Le premier week-end du mois de mai a toutefois vu arriver le fameux rassemblement de Coccinelles au cours duquel notre association tenait un stand. Nous avons donc passé tous les quatre ces deux jours à essayer de récolter de l'argent grâce à la vente d'enveloppes contenant chacune un numéro gagnant. Cela allait du briquet au lecteur DVD en passant par des tee-shirts. Maxime et toi aviez installé des tréteaux avec une planche sur laquelle vous aviez disposé des figurines de perles de votre fabrication afin de les vendre. Mais bien vite tu t'es réfugié dans la voiture, trop fatigué, et tu y es resté allongé. Maxime avait beau s'ingénier à t'égayer, rien n'y faisait, les défilés de voitures ne trouvaient pas grâce à tes yeux. Bon sang, quand pourrais-tu enfin t'amuser ?

– 31 –

Le mois de juin arrivait à grands pas. Les arbres avaient revêtu leur parure même si l'hiver laissait encore son souvenir sur les sommets des montagnes.

À cette même époque, il y a à peine un an, les choses étaient si différentes... La fin de l'école pointait le bout de son nez et nous faisions des projets pour nos vacances d'été. Maxime avait fait une bonne année scolaire. Quand à toi, tu étais parvenu au bout tant bien que mal à cause de douleurs au ventre qui t'obligeaient à quitter souvent les cours. Nous ne savions pas encore, alors...

J'aurais aimé me retrouver, comme ces dimanches soir d'avant, devant nos repas faits de chocolats chauds, de tartines beurrées et de confitures de myrtilles confectionnées avec les baies durant l'été. J'aurais voulu pouvoir encore entendre ton rire. J'aurais aimé être à nouveau cette mère qui pouvait te protéger, sécher tes larmes et te promettre que tout irait mieux. Avant, je n'aurais pas eu besoin de chercher mes mots pour cela, je t'aurais juste pris dans mes bras en caressant d'une main tes cheveux fins, en déposant des milliers de câlins dans le creux de ton cou. J'aurais aimé encore être forte, capable de terrasser ce monstre, mais je n'étais ni forte, ni invincible ; aujourd'hui rien n'était plus pareil et je savais que toute ma vie cette douleur serait là, pour moi comme pour vous. Pour Maxime, qui grandissait avec cette culpabilité d'être en pleine santé et cette peur quotidienne de te perdre. Pour ton père, semblant de tour d'ivoire au cœur plein de toi. Quant à moi, cela faisait longtemps que je ne dormais plus de ce sommeil réparateur que j'avais connu jusque-là. Chaque nuit je faisais des cauchemars où je t'entendais crier sans rien pouvoir faire.

Et pourtant nous avions de la chance par rapport à d'autres : tu étais encore en vie. Mais tes forces faiblissaient. Tu recommençais à baisser les bras. Tu avais continuellement des pertes de mémoire, tu oubliais des mots simples qui semblaient s'échapper et ne jamais vouloir revenir. Tu avais beaucoup de mal dans ton travail scolaire. Tu lisais en essayant de deviner les mots qui te manquaient, sautant de l'un à l'autre comme un torrent que tu aurais franchi de pierre en pierre en tombant à l'eau tous les trois pas. Quelquefois, faire une addition toute simple était impossible. Ces trous de mémoire étaient dus aux séances de radiothérapie. Les médecins nous avaient prévenus que tu aurais ce genre de séquelles, mais aucun parent ne peut être « préparé » à ça ! Quand tu n'arrivais pas à trouver un mot, cela finissait toujours par une crise de larmes et tu partais en courant t'enfermer dans ta chambre. Tu hurlais, pleurais, et je te récupérais totalement brisé.

Enfoirée de vie, ta mémoire n'oubliait-elle que le bon ? N'avait-elle pas le temps de retenir quelques souvenirs de bonheur ? Je percevais à nouveau une sorte de résignation dans ta voix, comme si tu te savais trop faible pour continuer. Et tu me préparais...

Un matin, alors que tu t'étais recroquevillé sur le canapé du salon, tu t'es mis à me parler du passé, comme si tu n'étais déjà plus de ce présent.

– Maman, tu te rappelles cet été, il y a longtemps, dans la maison de Gratteloup, quand on jouait avec Maxime à construire une cabane dans le chêne du jardin ? En fait, on s'était inventé un château imaginaire que personne ne pourrait jamais prendre parce qu'il serait trop bien protégé avec des gardes partout, partout, partout et des armées partout, partout, partout... J'aimais jouer au chevalier, tu te souviens ? Mais aujourd'hui, je voudrais arrêter de me battre. J'en peux plus. Laisse-moi mourir... J'en peux plus, maman !

Mon Dieu, venez à notre secours. Toute ta volonté avait fini par se consumer complètement. Tout était donc à recommencer ? Oui. Encore une fois. Encore et encore et encore... Une seule chose était certaine : jamais je ne lâcherais. Puisque tu n'y arrivais plus, je trouverais en moi cette force pour te porter.

J'avais cessé de me demander pourquoi. Pourquoi certains sont-ils touchés par la maladie quand d'autres passent au travers ? Pourquoi toi ? Pourquoi cela ne s'arrêtait-il pas ? Pourquoi les difficultés s'enchaînaient-elles ? Il n'y avait rien à comprendre. À quoi me servait de m'interroger sans relâche ? J'avais saisi depuis bien longtemps l'inutilité de la jalousie.

Y avait-il encore un dieu ? Je n'arrivais plus à y croire réellement, malgré mes prières. Ou bien peut-être attendais-je trop ? Peut-être devions-nous tout simplement accepter ?

– 32 –

Nous en étions là, mais pour la deuxième fois il allait se passer quelque chose d'incroyable. De nouveau grâce à la musique...

Début juin, nous avons assisté, dans le parc des expositions d'Annecy, à un grand concert rock animé par le groupe Gin Fizz au profit d'Arc-en-Ciel.

Nous sommes partis de l'appartement vers 8 heures du soir. Il pleuvait et les pelouses qui bordaient l'endroit où se trouvait la salle étaient encore gorgées d'eau. Nous avons reconnu de loin Alain et sa femme Monique, qui se tenaient à l'entrée pour accueillir leurs invités. En nous apercevant avec le fauteuil roulant sur lequel nous t'avions installé, ils nous ont fait signe de passer par une petite porte quelques mètres plus loin. Déjà une foule considérable faisait la queue, attendant avec impatience de pouvoir entrer. La salle était vraiment immense. Elle pouvait contenir environ mille cinq cents personnes et je crois qu'elle a été complète ce soir-là. Maxime était ravi d'assister au spectacle. Quant à toi, la fatigue et le moral avaient entamé ta joie. Je suis allée voir Monique pour la prévenir que nous partirions certainement assez tôt afin que tu puisses te reposer.

– Ne t'inquiète pas, m'a-t-elle rassurée. C'est déjà magnifique pour nous que vous soyez venus.

Pendant que nous discutions toutes les deux, Maxime t'a apporté le programme de la soirée, dans lequel il avait remarqué qu'il y aurait une chanson de Johnny Hallyday, « ta » chanson : *Le Pénitencier*. À l'évocation de ce nom, tu t'es redressé dans ton fauteuil, oubliant que quelques secondes auparavant tu voulais déjà rentrer.

– Décidément, a dit Monique, c'est impressionnant ce que les seuls mots « Johnny Hallyday » peuvent produire comme effet sur Raphaël !

En effet, tu avais aussitôt retrouvé ton excitation, et tu t'es même lancé sur la piste de danse avec ton frère. Je voyais ton petit corps se balancer dans tous les sens, virevoltant sur les rythmes endiablés d'un rock. J'avais même l'impression que tu chantais, mais vu de loin je n'en étais pas très sûre... Comme il était loin, le Raphaël fatigué, prostré sur son fauteuil !

Un peu plus tard, alors que le groupe avait commencé la fameuse chanson de Johnny, je t'ai vu revenir vers nous à grands pas, un peu transpirant mais le visage radieux.

– Je vois que tu vas beaucoup mieux que tout à l'heure, t'a dit Monique.

– Oh oui ! Mais, tu sais, j'aurais bien voulu chanter avec eux cette chanson, lui as-tu répondu sans hésitation.

– Devant tout le monde ?

– Ça c'est pas grave, les gens...

Une fois l'entracte passé, le groupe s'est remis à jouer sur un rythme frénétique. La foule s'est à nouveau resserrée au centre de la salle, bougeant sans la moindre fatigue apparente. Il commençait à se faire tard, mais Maxime et toi aviez disparu pour vous amuser un peu.

Au bout d'une dizaine de minutes, le chanteur a interrompu ses musiciens.

– Je voudrais juste demander votre attention, un instant s'il vous plaît... Excusez-moi de vous arrêter en si bon chemin, mais il y a dans cette salle quelqu'un que je souhaiterais vous faire connaître. Il a eu l'immense chance de rencontrer Johnny Hallyday cette année. Il s'appelle Raphaël et, si vous le voulez bien, j'aimerais qu'il vienne me rejoindre ici. Raphaël, peux-tu monter sur scène ?

Tu étais venu nous retrouver dès que la musique avait cessé. Tu n'étais au courant de rien, et je soupçonnais Monique d'en être l'instigatrice...

– Maman, papa, je peux y aller ?

– Mais... Tu n'as pas peur ? Il y a beaucoup de monde !

– Oh, ça c'est rien. Je peux y aller ?

– D'accord, vas-y, et montre-leur qui tu es !

Tu t'es faufilé entre tous ces gens qui n'attendaient qu'une chose : découvrir la personne qui avait eu le privilège de rencontrer une star. Mais se doutaient-ils que ce serait un enfant ? Dès qu'ils s'en sont aperçus, j'ai senti une vague de douceur envahir la salle, et une salve d'applaudissements a suivi.

– Je vous présente Raphaël. Ça va, pas trop impressionné ?

– Non, je suis content d'être là.

– Génial. Comme je vous le disais, Raphaël a réalisé un de ses rêves cette année, rencontrer son idole. Cela a été rendu possible grâce à l'association Arc-en-Ciel pour laquelle nous sommes là ce soir. J'en profite donc pour remercier Alain et Monique Nesme, les fondateurs...

De nouveau, un tonnerre d'applaudissements a crépité dans toute la salle.

– En fait, avec votre accord, je voudrais demander si Raphaël accepterait ce soir de nous interpréter une chanson de Johnny Hallyday ? Tu veux bien ?

– Bien sûr, as-tu répondu comme si cela allait de soi.

– *Allumer le feu*, est-ce que tu la connais un peu ?

– Oui, je sais toutes les paroles...

Monique et Alain nous avaient rejoints dans les gradins et nous avaient retrouvés, ton père et moi, figés par l'émotion. J'avais les jambes qui flageolaient. Tu paraissais si petit, si fragile. Ton visage vierge de tout cheveu semblait leur offrir à tous son innocence. Ce n'était pas de l'impudeur. Tu étais si beau... Mais peut-être n'était-ce que le regard d'une mère !

Les premières notes de musique ont retenti, et au début les chanteurs ont porté tes paroles. Mais après quelques mesures leurs voix se sont éclipsées, te laissant prendre seul ton envol sur un rythme que peu de gens auraient maintenu. Tu étais là, du haut de ton mètre trente-six et de tes vingt kilos tout mouillé, entraînant une salle de mille cinq cents personnes sur un rock soutenu. « *Allumer le feu, et faire danser les diables et les dieux...* » Encore aujourd'hui, je ne saurais pas dire ce que nous avons ressenti. Je me souviens de ces larmes qui ruisselaient sur mes joues en même temps que j'aurais voulu crier au monde ce bonheur. Ce n'était pas seulement de la fierté, et peut-être pas seulement du bonheur. En fait, je m'accrochais à cet instant comme à une bouée de sauvetage. Un autre espoir qui te permettrait d'aller un peu plus loin.

Autour de nous, j'apercevais des visages inondés eux aussi de larmes, des personnes tapant dans leurs mains, certaines même allumant leur briquet. Cela remuait tant de choses en chacun de nous, tant de fragilité, comme une vitre plongeant sur nos propres émotions. Maxime était resté près de nous, il serrait ma main si fort. Je pouvais imaginer sa fierté : son petit frère pour lequel il avait si peur, ce petit bout d'homme qu'il passait son temps à protéger venait de lui montrer toute la force de sa vie.

– Il est génial, hein, maman ?

– Mon Dieu, oui. J'ai encore du mal à y croire.

À peine la chanson terminée, un fracas d'applaudissements s'est élevé, scandant ton nom sans fin : Raphaël... Raphaël... Raphaël...

Tu as fini par nous rejoindre, après avoir signé au passage quelques autographes pour des « admirateurs » impressionnés. C'était ton heure de gloire et tu l'avais tellement méritée. Bravo, mon ange, et chapeau !

– 33 –

Mi-juin. L'hôpital t'avait laissé s'éloigner de ses tentacules pour quelques jours, et la voiture parcourait les derniers kilomètres qui nous séparaient de l'immensité bleue. Nous prenions nos premières vraies vacances ensemble ! Cela faisait neuf ans que nous étions mariés. Neuf années dont huit parsemées de douleurs pour notre enfant, et la dernière ne nous avait rien épargné.

Direction donc la Côte d'Azur, Antibes, mais surtout ses dauphins... En effet, une association, Petits Princes, organisait une visite personnalisée du Marineland pour cinq enfants malades, dont toi. Cela faisait des mois qu'à chaque examen difficile je te laissais imaginer la rencontre avec ces animaux. Te parlant d'eux, de leur contact, de leurs cris...

Maxime s'était assoupi sur la banquette arrière car le voyage lui semblait beaucoup trop long. Ton père, lui, conduisait silencieusement, perdu dans ses pensées. Où était-il à cet instant ? Déjà au bord d'une plage, absorbé dans ses recherches d'emploi, ou encore rattaché à ce bâtiment blanc qui nous vampirisait ?

Nous avons pris la sortie direction Sainte-Maxime afin de longer la côte. La route du Muy traversait pendant plusieurs kilomètres une forêt de pins qui se remettait des feux de l'été précédent. Le sol était jonché de brindilles roussies par le soleil et les arbres portaient encore des marques noires. Pourtant, la nature reprenait doucement ses droits. Des petits chemins couleur d'ocre rougeoyant se faufilaient parmi les reliefs, dévoilant leur course sinueuse qu'aucun feuillage ne protégeait plus, tandis qu'une multitude de nouveaux parfums et de nouveaux bruits venaient chatouiller nos sens, réveillant des souvenirs bien trop anciens.

Au détour d'une courbe, nous avons enfin aperçu la mer au loin. Elle s'étirait devant nous telle une étoffe de soie bleue au début du soir, tandis que le ciel fondait son horizon en elle.

– Maman, papa, Maxime, regarde, on arrive ! J'ai vu la mer !

C'était la première fois qu'elle s'offrait à toi. Maxime s'est réveillé en entendant tes cris de joie.

Elle nous attendait, ornée de ses vagues qui venaient s'évanouir sur le sable doré. Nous la regardions défiler, longeant la côte dentelée qu'elle nous présentait dans un écrin de couleurs à l'heure où le soleil allait bientôt disparaître en elle. Portés par notre soif de la suivre, nous avons continué notre route bien au-delà de notre destination. Saint-Raphaël, Antibes, Saint-Laurent-du-Var... Arrivés à Nice, nous nous sommes garés près du casino ; la plage était à deux pas. Maxime et toi aviez hâte de vous baigner. Qu'importaient les maillots de bain, un short ferait l'affaire ! Vous êtes tous deux partis en sautillant tant bien que mal, les galets ralentissant votre course. Maxime s'est jeté le premier à l'eau, ignorant la température qui frôlait les 18° C.

– Viens, c'est trop génial ! Allez, viens...

Mais il n'était pas écrit que tu t'amuserais. Ton petit corps n'avait plus rien à cacher, et ses vingt kilos ne faisaient pas le poids face au froid : impossible d'entrer dans l'eau. Tu es donc revenu près de nous, essayant d'oublier ces vagues qui t'avaient tant fait rêver, ramassant sur ton passage quelques morceaux de verre polis par les vagues.

– Maman, regarde, j'en ai trouvé un vert.

– Fais voir... Ah oui, il est vraiment très beau ! Tu sais, quand j'étais petite, j'en cherchais aussi avec ma sœur, comme toi aujourd'hui. Le bonheur suprême était d'en découvrir des bleu indigo. Il y en avait très peu et, vu leur rareté, nous avions décrété que cela nous donnait droit à une sucette. Mais je me souviens que ma maman n'était pas tout à fait d'accord avec notre idée...

Nous sommes restés là un long moment, adossés contre un muret, à bavarder en regardant le soleil se coucher. Le bonheur paraissait si simple, de là où nous étions.

– Pourquoi tu me regardes comme ça, maman ?

– Parce que je t'aime.

Nous avions laissé nos peines dans de lourdes valises cachées tout au fond d'un jardin, avec ces blouses blanches et la souffrance qui allait de pair. La mer commençait à se mettre au diapason de tes forces : elle ne s'agitait plus, mais clapotait doucement jusqu'à tes pieds. La journée avait été longue, et tu voulais rentrer te reposer. J'avais failli oublier que cette saleté de maladie était du voyage... Mais qu'importait, elle ne nous gâcherait pas nos vacances.

Le lendemain, tu t'es réveillé à l'aube, trop heureux de cette journée qui s'annonçait. Tu as ouvert en grand la fenêtre de la chambre d'hôtel pour laisser s'engouffrer ce soleil qui te réchauffait déjà. Le ciel s'était déshabillé de chacun de ses nuages, et devant toi la mer scintillait. Oui, la vie était belle.

Nous avions rendez-vous à 9 heures avec les accompagnateurs de l'association Petits Princes et les autres familles pour rejoindre le directeur du Marineland et le personnel. Nous n'étions pas très loin du parc mais je te sentais tellement impatient que, juste après avoir déjeuné dans le petit jardin de l'hôtel, nous sommes partis. L'immense parking où nous nous étions garés commençait déjà à se remplir, déversant son flot de touristes désireux d'accéder aux activités environnantes : Aqua Splash, serre aux papillons, montagnes russes. Tout ce qu'il fallait pour passer des vacances reposantes... Certaines personnes, chargées de leurs sacs de plage, partaient vers les immenses toboggans où l'on apercevait déjà une file d'attente impressionnante. Quant à nous, direction les dauphins !

Nous nous sommes donc tous retrouvés à la caisse, d'où l'on nous a conduits au bureau du directeur qui avait été prévenu de notre arrivée. En fait ton père, qui était resté en retrait avec Maxime puisqu'une seule personne était censée t'accompagner, s'était rendu compte qu'il connaissait cet homme depuis de nombreuses années, puisqu'il était lui aussi d'Annecy. Ton père et lui ont donc pu discuter ensemble une fois que nous nous sommes éloignés avec les soigneurs et les dresseurs.

– Alors Raphaël, et ces dauphins, est-ce que tu veux vraiment les voir ?

– Oh oui ! On y va quand ?

– Tout de suite, si tu veux.

– Génial !

Les soigneurs t'ont accueilli comme un petit prince, sans pour autant tomber dans la sensiblerie. Tant de personnes n'ont plus ce contact naturel face à un malade, comme si elles voulaient se faire pardonner d'être en vie ! Et toi, petite boule mise à nu, tu ressens tout de suite cette pitié.

Tu avais passé une combinaison de plongée afin de ne pas avoir froid lorsque tu serais dans l'eau. Habillé comme cela, tu ressemblais à un petit pingouin au milieu de la banquise et il t'a fallu quelques minutes pour te sentir à l'aise dans ces vêtements. Ton père et Maxime ont pu se glisser dans les gradins pour assister à l'événement.

Nous avons été dirigés vers le bassin des dauphins, une sorte d'immense amphithéâtre découvert. L'entrée était interdite au public pour l'instant car le spectacle n'était pas prévu avant 13 heures. Les gradins étaient donc vides et un silence apaisant régnait. Seuls les ailerons des dauphins dessinaient une ligne à la surface de l'eau pour marquer leur présence.

Tu t'es avancé près du rebord, accompagné par Nathalie et Joann, deux des dresseurs. Quant à moi, je m'étais mise un peu en retrait, pour te laisser prendre possession de ce rêve.

– Raphaël, je te présente Joséphine, Aurore et Écume. En principe il y a aussi Éclair, Alisée, Manon et Malou, mais aujourd'hui ils ne sont pas dans le bassin. Sans le savoir, tu dois certainement connaître Joséphine. Elle était la Delphine du film de Luc Besson, *Le Grand Bleu*. Tu as dû le voir ?

– Oui. Comme elle est belle ! Je peux m'approcher ?

– Bien sûr. Tu peux même t'asseoir sur le rebord et si tu veux nous entrerons dans l'eau. C'est toi qui décides.

Joséphine et Aurore se sont doucement avancées vers toi. J'ai vu ta petite main se tendre vers elles et ce geste a suffi à me mettre les larmes aux yeux. J'étais là à te regarder, caressant ces mammifères, et j'avais l'impression qu'eux seuls te comprenaient. Vous étiez si semblables, prisonniers de quelque chose et ignorant si vous en seriez libérés un jour.

Tu as lentement glissé dans l'eau, malgré le froid qui commençait à s'emparer de toi. Mais peu importaient les grelottements, peu importaient les frissons, les claquements de dents. Tu leur appartenais comme une seule et même fragilité. Je les voyais glisser autour de toi, décrire des arcs de cercle parfaits sans jamais te toucher, te laissant les apprivoiser. Je scrutais ton visage avec émerveillement. À cet instant précis, et sans raison particulière, une image s'est imposée à moi. C'était huit ans auparavant, une autre naissance qui gardait avec elle toute une partie de mystère, tes yeux noirs et brillants, tes petites mains recroquevillées qui n'osaient s'ouvrir à la vie. Tant de choses s'étaient passées depuis, que nous n'attendions pas...

Des larmes coulaient le long de mes joues, des larmes de bonheur. Pourtant des sentiments contradictoires m'envahissaient, des sentiments paralysants qui résumaient mon incertitude grandissante. Je ne pourrai jamais expliquer ces minutes, c'était une sensation si particulière, forte et désespérante à la fois. Le monde extérieur avait disparu, il n'y avait plus ni soigneurs, ni gradins, je ne sentais plus rien, pas même la chaleur du soleil. Mon espace s'était limité au tien.

Mais il était temps de sortir du bassin : le parc allait ouvrir aux visiteurs. Joann t'a donc ramené sur le bord.

– Je peux leur dire au revoir tout seul ?

– Bien sûr, je te laisse, et si tu as besoin de moi je ne suis pas très loin. OK ?

– Oui, merci beaucoup.

Combien de torrents de larmes aurons-nous versés ? Les tiennes me faisaient si mal. Tu es resté seul assis au bord du bassin, et tu sanglotais silencieusement. Cette rencontre, qui avait été ton rêve depuis si longtemps, allait se terminer là. Tu retournerais ensuite à ton quotidien. Que garderais-tu de cette expérience ? Un vide ? Une force ? Un sentiment de solitude ?

Je me suis approchée de toi et je t'ai serré dans mes bras.

– Maman, je sais pas si j'y arriverai...

Tu t'étais agrippé à moi et tu avais levé tes yeux, ton regard se noyant dans le mien. Je ne me souviens plus de ce que je t'ai répondu ; une chose en tout cas était certaine, je plongerais mes ongles jusqu'au sang dans cette vie pour que tu t'y accroches.

– Maman, est-ce que tu crois que le Ciel peut m'entendre, quand je pleure ?

Qui a dit que les enfants ne prient pas ? Je n'ai pas osé te répondre – mais après tout, qu'importait la réponse. Si le Ciel pouvait être un appui pour toi, alors je ne voulais pas rompre cet espoir.

La suite de nos vacances a ressemblé à celles de toute autre famille. Oublier ce bâtiment de béton, cette mort qui arpentait les couloirs en espérant y croiser un enfant. Nous étions presque détendus, presque heureux. Nous avions le droit de vivre comme tout le monde, nous passions nos journées entre balades et farniente sur la plage, ou dans des transats, à la piscine de l'hôtel. Nous nagions chaque jour et avions pris un bronzage superbe. Pour toi, en revanche, les rayons du soleil étaient un mauvais jeu que tu fuyais en permanence. Toujours habillé au minimum d'un maillot de bain et d'un tee-shirt, tu devais néanmoins affronter le regard des gens trop curieux, dont certains allaient même jusqu'à venir nous interroger. Curiosité malsaine, ou peur d'attraper ces méchantes taches ? Tu essayais de les ignorer en allant te baigner. Tu forçais même le trait en enlevant ton tee-shirt, histoire de vraiment assumer, mais je voyais souvent ton souffle s'accélérer, et je sentais que tu luttais avec courage. Heureusement, Maxime et toi êtes restés toute la semaine collés l'un à l'autre : vous bavardiez des heures, et vous faisiez mille projets de voyages vers des tonnes de pays imaginaires où les dauphins faisaient systématiquement partie de l'aventure. Sans oser te poser directement la question, je me suis souvent demandé si tu parlais à ton frère de tes peurs, de ta maladie, mais je crois que, de toute façon, Maxime devinait. Cependant, j'avais l'impression que la rencontre avec les dauphins t'avait fragilisé, qu'elle avait ouvert une faille que tu avais du mal à cicatriser.

Après cinq jours d'oubli presque total, nous sommes rentrés à la maison avec regret, en vous faisant la promesse de repartir bientôt, quoi qu'il nous en coûte. Qu'importait l'argent : l'essentiel était ailleurs.

*
* *

Nous avons repris le chemin de l'hôpital pour des examens toujours identiques, qui semblaient ne jamais devoir finir. Les souvenirs de vacances disparaissaient petit à petit de ta mémoire, laissant à nouveau place à l'abattement. Nous savions que dorénavant les divertissements les plus magiques ne suffiraient pas.

Il nous fallait autre chose.

– 34 –

Au début du mois d'août, on nous a demandé de venir pour une IRM de contrôle qui nous donnerait le résultat final des traitements : le protocole était arrivé à son terme, les séances de chimiothérapie étaient terminées. Cela faisait un an que nous avions appris ta maladie. Joyeux anniversaire...

Dans les couloirs il y avait peu de visiteurs, le temps était trop beau pour venir se perdre ici. Je sentais ta main serrer la mienne au fur et à mesure que nous avancions.

– Maman, je veux pas, j'ai trop peur de ce qu'ils vont dire...

Nous savions tous les deux que cet examen serait déterminant. Il nous restait si peu de choses auxquelles nous raccrocher, si peu de forces ! Je t'ai serré contre moi, en te berçant comme un nouveau-né. Un fin duvet avait recommencé de pousser sur ta tête et je le sentais sous mes doigts comme une nouvelle promesse.

Je savais combien tu redoutais de pénétrer dans ce tube où tu ne pourrais plus bouger, cet enfermement qui t'emporterait vers un diagnostic que tu redoutais. On m'a donc autorisée à rester près de toi. Mais tu t'es mis à pleurer violemment, et tes soubresauts ne permettaient pas de commencer correctement l'examen : il ne fallait absolument aucun mouvement. J'ai alors caressé tes pieds comme la première fois, quand nous nous étions retrouvés dans cette salle un an plus tôt. Tu t'es doucement calmé et nous avons pu procéder à l'IRM, tandis que j'adressais des prières inconnues vers un dieu qui, tout là-haut, me semblait si lointain. Allait-il jeter un regard vers nos âmes ? Allait-il enfin comprendre que nous avions besoin de répit ?

Derrière la vitre j'apercevais le médecin, les yeux rivés sur les écrans. Je détournais aussitôt le regard – par peur de lire un verdict sur son visage et pour gagner quelques secondes.

Quand tout fut terminé, le médecin m'a simplement demandé de le rejoindre dans le couloir.

– À première vue, l'examen indique que tout va bien.

– Mon Dieu, je n'ose pas y croire...

– Attendez tout de même avant de crier victoire. Nous devons lire les résultats plus posément avant de vous donner un avis définitif. Je sais à quel point il vous est difficile d'attendre, et je le comprends. Mais je ne peux pas m'avancer maintenant. Soyez certaine que nous ferons au plus vite. Vous devez garder à l'esprit que si cet examen nous révèle qu'il n'y a plus aucune cellule cancéreuse, cela signifiera qu'il est en rémission. C'est déjà énorme, mais pour que l'on puisse déclarer que Raphaël est totalement guéri, il faudra une période de cinq ans sans rechute. On maintiendra donc une surveillance régulière : une IRM tous les trois mois avec une visite de contrôle durant laquelle un médecin vérifiera le poids et la taille de Raphaël et fera des tests neurologiques. Des discussions seront également indispensables pour suivre son état psychologique, les pertes de mémoire éventuelles, la concentration, la fatigue... Enfin, n'oubliez pas que la médecine ne maîtrise pas encore les conséquences de la radiothérapie sur un nævus. Vous voyez donc que, pour l'instant, nous devons rester prudents.

Nous avions tant repoussé les frontières de nos rêves que je ne savais pas s'il fallait sauter de joie. J'ai rejoint la Terre en un dixième de seconde et j'ai réussi à dire, malgré mon impatience :

– Je comprends. Nous allons attendre vos résultats. S'ils se révélaient bons...

Au fond de moi, je n'osais imaginer ce qui se passerait si tel n'était pas le cas ! Tu m'avais rejointe, et j'ai lu sur ton visage une immense déception quand tu as appris que l'on ne pouvait rien savoir tout de suite. Il y avait trop de calme dans ta façon d'accepter cet état de fait. Peut-être n'osais-tu pas vraiment croire qu'il y aurait une fin ?

Nous sommes repartis tous les deux en voiture, ignorant l'autoroute pour faire un détour par un chemin qui prenait des airs d'école buissonnière. Il faisait si beau et puis, après tout, nous avions un peu de temps... Le temps présent, comme un cadeau que je voulais vivre sans penser à cette réponse qui se préparait.

Le lendemain matin, je suis restée à la maison. Je m'apprêtais à appeler l'hôpital pour avoir les résultats quand le téléphone s'est mis à sonner. Je n'ai pas osé décrocher tout de suite. Lorsque je me suis enfin résolue à prendre le combiné, j'avais l'estomac noué.

C'était bien ton docteur, le Pr Stener de Grenoble.

– Les résultats sont bons, Barbara. Raphaël n'a plus de cellules cancéreuses, il est en rémission.

Malgré son calme, je sentais à sa voix qu'il ne pouvait réprimer un sentiment de victoire. Avais-je un jour imaginé ce moment ? Lorsque j'ai reposé le téléphone, je t'ai aperçu dans l'embrasure de la porte.

– C'est fini, maman ?

– Oui, mon petit amour. Tout va bien, maintenant...

Tu t'es simplement précipité dans mes bras, pleurant cette douleur trop longtemps contenue. Tes larmes coulaient, se réfugiaient dans mon cou. Oui, cette bataille-là était finie. Mais pour que la partie soit réellement gagnée, il ne fallait aucune rechute durant les cinq prochaines années. Cinq ans, c'était toute une vie...

Ce soir-là, nous avons célébré la nouvelle en allant dîner au restaurant à côté de la maison. Je dois reconnaître que nous nous sentions un peu perdus, comme si nous avions reçu un cadeau que nous avions peur d'ouvrir. Étions-nous fous de ne pas l'apprécier à sa juste valeur ? Nous avons bien sûr levé notre verre, mais ni ton père ni moi n'arrivions à réaliser. Nous luttions côte à côte depuis tant d'années, et je repensais au chemin que nous avions parcouru tous les deux. Puis je vous regardais tour à tour, ton frère et toi : vous riiez, revenus à la magie de l'enfance. Je scrutais le visage de Maxime avec le même émerveillement qu'à l'heure de sa naissance. Un fils. J'admirais ce grand frère qui, du haut de ses onze ans, se voulait rempart, chevalier ou simple serviteur ; il n'avait pas supporté ton enfermement, il s'était reproché de ne pas être malade à ta place, il avait refusé ce Dieu qui ne te guérissait pas. J'ignore s'il avait été ton confident mais ton ombre fidèle et aimante, ça, j'en suis certaine. Que garderait-il de tout ça pour plus tard ? Quel homme serait-il ? Je l'avais si peu vu grandir, et à présent ses joues étaient moins rondes, moins rebondies, sa voix trahissait quelques cordes vocales jouant dans les graves. Mais son regard sur toi était le même, empli d'un amour que les épreuves n'avaient pas démenti.

Les semaines suivantes ont eu le goût des saveurs nouvelles. Cependant, les séquelles de tes traitements se faisaient de plus en plus sentir. Les pertes de mémoire dues à la radiothérapie en étaient la plus flagrante démonstration, et sur le plan du goût tu avais perdu les sensations du salé et du sucré. Souvent, lors d'un repas, tu t'évertuais à me demander quelque chose sans en trouver le nom exact.

– Maman ? Je peux avoir...
– Quoi, Raphaël ?
– Tu sais, le truc rouge.
– Quel « truc rouge » ? De la tomate ? Du ketchup ?
– Non ! C'est rouge mais pas comme ça...
– Ça se mange ?

– Mais oui !
– Oui ? Alors, c'est un fruit ou un légume ?
– Un fruit.
– Bon, je vais t'en donner certains et tu choisiras. Cerise ? Pastèque ? Fraise ?

... Et la liste s'allongeait tant que nous n'avions pas trouvé. Je sentais ta colère monter lorsque je ne parvenais pas à mettre un nom assez vite sur ce que tu désirais.

Un jour aussi, un ami de ton père venu prendre l'apéritif à la maison t'a demandé ton âge. Et là : absence totale, tu étais incapable de te le rappeler mais tu ne voulais pas de notre aide ! Ce n'est que le lendemain que cela t'est revenu, mais par déduction, à partir de ta date de naissance. Et il y a eu tant d'autres choses...

*
* *

Tu as repris les cours le 26 août : la semaine de quatre jours écourtait les vacances d'été.

Cela faisait un an que tu n'avais pas franchi les grilles d'une école. Nous avions décidé de te changer d'endroit, l'expérience de l'année dernière nous ayant suffi. Tu allais donc te retrouver dans le même établissement que ton frère, une institution privée proche de chez nous (ainsi je pourrais vous accompagner tous les matins). Maxime entrait au collège pour la sixième, toi tu allais commencer un CM1 malgré tes absences de l'année précédente.

Nous avons pu rencontrer ta maîtresse avant la rentrée, avec ton père et toi. C'était une jeune femme très douce, avec un regard d'un bleu profond. Tu l'as tout de suite aimée, ce qui a facilité ta rentrée, même si tu avais toujours du mal à te séparer de moi le matin. Nous lui avons absolument tout expliqué sur ton nævus, ton cancer, les séquelles dues aux traitements, tes appréhensions... Elle t'a aussitôt pris sous son aile. Nous l'avons prévenue qu'il allait falloir adapter ton rythme scolaire à ta fatigue, et aux séances d'orthophonie que nous avions demandées pour pallier tes pertes de mémoire. Mais rien n'avait l'air de lui poser problème.

– Ne vous inquiétez pas, nous a-t-elle rassurés, nous trouverons comment faire. J'aiderai Raphaël autant que je le pourrai.

Nous savions qu'il faudrait encore faire toutes sortes de tests médicaux. Tu es également retourné à l'hôpital pour ce que l'on espérait être une dernière intervention : l'extraction du « port à cath' » que tu portais toujours sous la clavicule, lequel avait permis de faire passer toutes les chimiothérapies et d'opérer les prélèvements. C'était ta dixième intervention depuis ta naissance. Mon petit prince, peut-être allais-tu enfin pouvoir vivre dans un autre univers, une planète douce et bleue où les roses n'ont pas d'épines pour se protéger des moutons, où les renards découvrent le vrai bonheur et où il suffit de s'asseoir au bord du monde pour voir tous les couchers de soleil.

On laisse quelquefois son passé en brûlant des photos, en changeant de région, en déchirant des lettres. On peut aussi jeter certains objets, refuser de repasser à certains endroits, mais oublier ces dernières années me paraissait impossible. Il y a toujours un parfum, comme celui du chocolat des distributeurs, qui me rappelle l'attente à l'hôpital ; l'odeur des frites qui envahissait les couloirs et t'obligeait à te cacher dans la chambre, tant elle te dégoûtait. Il y a également des couleurs que je fuis, comme le blanc. Et des mots, des gestes, des bruits, mille souvenirs qui me ramènent vers ce que je m'évertue à chasser de ma mémoire.

Et puis il y avait toi. Nous parlions souvent de ce que tu ressentais et je découvrais chaque jour un peu plus ce que tu avais vécu. Un examen où je ne t'avais pas tenu la main, des pleurs que je n'avais pas vus, des appels au secours que je n'avais pas entendus, ces moments de peur, d'épuisement où je n'avais pas été là... Malgré les remords, je ne pouvais plus rien changer.

*
* *

Je te regardais assis sur le canapé, lisant pour la millième fois *Le Petit Prince* de Saint-Exupéry. Un fin duvet recouvrait ta tête mais le creux de tes joues montrait encore quelques ombres. Tu avais tellement changé ! Jusqu'à la couleur de tes cheveux, qui n'étaient plus roux mais viraient au blanc à cause de la chimiothérapie. Nous avions l'impression de ne plus voir le même Raphaël devant nous... Là-bas, dans un bâtiment de béton blanc, d'autres enfants continuaient de lutter, le monde leur échappait, le temps prenait un autre sens, l'arrogance de la maladie leur enlevait jusqu'à l'innocence.

Ce jour-là, pourtant, le ciel était bleu. Tu reprenais peu à peu confiance, même si tu avais encore du mal à te laisser aller : la vie s'était trop longtemps jouée de toi, et il y avait tout à reconstruirc.

– Maman, est-ce que j'aurai le temps de devenir grand ?

– 35 –

Des mois ont passé depuis ces dernières lignes. Nous essayons tous de reprendre une vie « normale ». Ton père et moi sommes plus soudés que jamais et je reconnais qu'il a tenu une place difficile durant tous ces mois : il aurait tellement souhaité être à tes côtés, te tenir la main et sécher tes larmes... Mais aucun de nous deux n'a le don d'ubiquité ! Je m'occupais de toi, lui soutenait Maxime, et chacun de nous deux traîne encore aujourd'hui la culpabilité de ne pas avoir pu être là pour nos deux enfants à la fois.

Toutes ces épreuves nous ont unis, bien sûr, et nous ont aussi appris l'importance d'une vie. Mais le prix à payer pour cela a été beaucoup trop exorbitant ! Et si nous avions espéré que la phase de rémission mettrait fin à nos problèmes pour un temps, le réveil en a été d'autant plus brutal. Les médecins de Grenoble nous ont en effet demandé récemment que la totalité de ton nævus soit retiré, en particulier la partie irradiée : ils craignent un cancer de la peau, ce dont ils nous avaient d'ailleurs prévenus au début de la radiothérapie.

Nous avons donc pris rendez-vous dernièrement avec le Dr Buisson, spécialiste en chirurgie plastique reconstructrice, dont nous avions fait la connaissance par le biais de l'association quelques années auparavant et auquel nous faisions systématiquement appel quand il fallait faire opérer un enfant atteint d'un nævus. Mais là aussi, la chute a été rude : étant donné le curetage que tu as subi quelques jours après ta naissance et au vu des données de ton dossier médical, l'intervention s'annonce difficile. La fragilité de ton épiderme à cause du nævus et de la radiothérapie, les risques encourus, le préjudice esthétique important (selon les termes mêmes du médecin, si l'on te fait des greffes de peau tu auras « une autoroute dans le dos »...) sont autant d'éléments défavorables. Surtout, si ces greffes sont effectuées, elles peuvent entraîner un cancer spécifique à ce genre d'intervention !

Nous retombons donc dans la spirale infernale : ton premier cancer n'est qu'en phase de rémission et peut « repartir » à tout moment, la radiothérapie sur ton nævus peut provoquer un cancer de la peau et, si le nævus est enlevé, les greffes pourront déclencher un troisième type de cancer !

Tu étais présent lors de cette annonce, mais tu as refusé d'en parler et je ne savais pas si ton esprit d'enfant avait assimilé tout ce que cela voulait dire. Ce n'est que quinze jours après ce rendez-vous, alors que tu prenais ton bain, que tu m'as appelée près de toi.

– Maman, explique-moi vraiment ce que le docteur Buisson a dit pour mon nævus.

– Écoute Raphaël, ce... ce n'est pas le bon moment. Je suis en train de préparer le repas.

– S'il te plaît... Viens me dire.

Je me suis donc agenouillée près de la baignoire et j'ai commencé à te gratter le dos comme tu aimais tant, tout en te répétant exactement ce que le docteur nous avait révélé sur les risques de cancer.

En entendant ce mot-là, tes lèvres se sont mises à trembler.

– Maman, si j'ai un deuxième cancer, c'est sûr, je vais mourir. Et je veux pas mourir, maman... Je veux pas mourir !

Ces derniers mots, tu me les as hurlés, le regard paniqué, les tempes battantes.

Ne pas s'effondrer, surtout. Seigneur, dites-moi comment lui parler aujourd'hui ? Par quoi le raccrocher à la vie ? Tout ce que nous pouvons répondre à Raphaël, c'est qu'il n'est pas *certain* qu'un cancer se déclenche, que sa vie se déroulera *peut-être* tout à fait normalement.

– Raphaël, je t'en prie, calme-toi ! Tu n'auras peut-être jamais d'autre cancer. Et puis, si cela arrivait, eh bien nous ferions tout pour que tu guérisses. Tout ! Je te le jure !

Au bord de la nausée, j'avais serré les poings pour résister à ce besoin de vomir cette vie que je haïssais. J'avais réussi à combattre le tremblement que je sentais au fond de moi. Pas de larmes, tu n'en avais que trop vu.

– On y arrivera, mon ange...

On porte toujours l'espoir au fond de soi. Peut-être découvrira-t-on de nouveaux remèdes ? Peut-être n'aurat-il jamais de cancer de la peau ? Peut-être que la rémission tiendra ? Peut-être... Seulement, si Raphaël a un nouveau cancer, je ne sais pas s'il aura encore la force de lutter.

Seigneur, laissez-nous d'autres lendemains, d'autres rêves à vivre, d'autres espoirs...

REMERCIEMENTS

Je tiens à remercier d'abord Virginie Lachkar, qui a été à l'origine de cet ouvrage et qui m'a encouragée à livrer ce témoignage. Elle m'a écoutée de longues heures et a magnifiquement traduit mes émotions. Merci à son mari et à ses enfants de lui avoir permis de me consacrer autant de temps.

Toute ma reconnaissance à Michel Lafon qui, touché par notre histoire, a immédiatement décidé de nous soutenir en adhérant à ce projet.

Un immense merci bien sûr à Johnny Hallyday, qui a rendu à Raphaël le goût de la vie. Par son amitié, sa disponibilité, sa force et sa gentillesse, il lui donne l'envie de continuer de se battre contre la maladie. Merci à Laëticia Hallyday, sa deuxième petite maman, sa bonne fée, pour tout l'amour qu'elle lui offre encore et toujours. Sans eux le combat aurait été beaucoup plus difficile à mener.

Merci à Pascal Bataille et Laurent Fontaine pour leur immense générosité. Merci de nous avoir ouvert des portes qui nous semblaient infranchissables.

Merci à Bélinda pour son amitié et son aide.

Merci à Henri Dès d'avoir été le premier à croire en notre association.

Merci aux bénévoles de l'association Nævi, aux responsables (et amies) des différentes agences de l'association : Sandrine, Françoise, Nathalie, Karine.

Merci aux médecins et infirmières : Corinne, Dominique, Fanny, Laurence, Marie-Laure, Aline, Pierre, Thierry et Nadia, qui ont soigné notre enfant et qui nous ont accompagnés jour après jour, et toute ma reconnaissance aux deux neurochirurgiens qui ont fait un miracle.

Merci à Didier, Michèle, Carine, Pascale, Christiane, Dominique... les instituteurs et l'orthophoniste qui participent à la « reconstruction » de Raphaël.

Merci à Alain et Monique Nesme, de l'association Arc-en-Ciel.

Merci à Lorette, bénévole de l'association Petits Princes.

Merci à Raoul Gibault, directeur du cirque Médrano, pour nous avoir ouvert les portes de sa piste et offert des heures de détente et de rire.

Merci à Oliver, Victor, Bill, Alain et Yves, du groupe Gin Fizz, pour avoir permis à Raphaël de chanter sur scène.

Merci à Valérie qui supporte quotidiennement, et avec une grande patience, mes états d'âme, mes peines et mes joies. Elle est notre plus fidèle bénévole et ma meilleure amie.

Merci à Nathalie, ma petite sœur de cœur.

Merci à ma mère, ma sœur et ma belle-mère pour leur présence et leur soutien; merci à mes tantes

Annick et Chantal d'avoir pris notre relais auprès de Maxime.

Merci Maxime pour ton aide précieuse, ta gentillesse, ta sensibilité. Merci d'avoir aussi bien « grandi » et d'épauler ton petit frère quotidiennement. Je suis vraiment très fière de toi.

Merci Jean-Michel pour ton amour, pour l'appui de chaque jour que tu apportes à Raphaël. J'ai tenu grâce à ta force, et tu aurais pu signer ce livre tout comme moi.

Et toi, Raphaël... merci d'être là !

Pour ceux qui souhaitent aller plus loin...

Le nævus géant congénital est une maladie rare et peu connue du grand public, qui touche cependant un enfant sur vingt mille environ, soit plus de trois mille en France. Cette pathologie nécessite diverses interventions chirurgicales, car elle peut avoir – on l'a compris – de graves évolutions cancéreuses.

L'association Nævi, fondée en 1996, s'efforce de rendre espoir aux familles confrontées à cette maladie : informer, expliquer, écouter, soutenir, concrètement ou moralement. À travers ce livre vous nous aidez déjà, puisque *les droits de l'ouvrage seront reversés à l'association.*

Association Nævi
7, passage des Halles – BP 25 –
74962 Cran-Gevrier Cedex
Tél. : 04 56 20 33 88
www.naevi.com / E-mail : association@naevi.com

Reproduit et achevé d'imprimer en décembre 2006
N° d'édition 06089
Dépôt légal, décembre 2006
Imprimé en France par Qualibris

ISBN 2-7382-2138-6